新闻学与传播学“十三五”规划教材·基础课程系列
13th Five Year Plan University Textbook
河南省委宣传部与郑州大学共建新闻与传播学院系列成果



# 新闻评论教程

# INTRODUCTION TO NEWS COMMENTARY

魏 猛 著

中国传媒大学出版社
·北京·

图书在版编目(CIP)数据

新闻评论教程 / 魏猛著. -- 北京：中国传媒大学出版社，2020.6（2025.12 重印）
新闻学与传播学“十三五”规划教材. 基础课程系列
ISBN 978-7-5657-2724-5

Ⅰ. ①新… Ⅱ. ①魏… Ⅲ. ①评论性新闻—高等学校—教材
Ⅳ. ①G210

中国版本图书馆 CIP 数据核字(2020)第 104765 号

新闻学与传播学“十三五”规划教材·基础课程系列
新闻评论教程
XINWEN PINGLUN JIAOCHENG

著　　者　魏　猛
策划编辑　李水仙
责任编辑　姜颖昳
封扉设计　风得信设计·阿东
责任印制　李志鹏

出版发行　中国传媒大学出版社
社　　址　北京市朝阳区定福庄东街 1 号　　邮　　编　100024
电　　话　86-10-65450528　65450532　　传　　真　65779405
网　　址　http://cucp.cuc.edu.cn
经　　销　全国新华书店

印　　刷　唐山玺诚印务有限公司
开　　本　787mm×1092mm　1/16
印　　张　11.75
字　　数　209 千字
版　　次　2020 年 6 月第 1 版
印　　次　2025 年 12 月第 5 次印刷

书　　号　ISBN 978-7-5657-2724-5　　定　　价　39.80 元

本社法律顾问：北京嘉润律师事务所　郭建平

# 目 录

# 第一章　新闻评论概述

## 第一节　新闻评论的基本状况

### 一、新闻评论发展的基本脉络与发展趋势

中国的报纸发展史是从外报开始的。1815 年，由英国人米怜创办的第一份中文报《察世俗每月统记传》在马六甲创刊，该报当时已经出现了与宗教教义相关的评论内容，其观点是为西方的对华侵略做辩护的。由于报纸的新闻性不强，所以当时的评论内容并不是严格意义上的新闻评论。

1833 年，我国境内第一份中文报《东西洋考每月统记传》在广州创刊，这份报纸由普鲁士传教士郭士立创办。在《东西洋考每月统记传》中，宗教性言论已经退居次要地位，该报发表的言论多数具有强烈的现实针对性，而且在版面编排方面，非宗教性言论也被着重和优先编排。《东西洋考每月统记传》是鸦片战争前最有影响的"外籍"中文报刊，也是那一时期唯一一份刊载过时事政治性言论的中文报刊，所刊载的言论具有一定的新闻性。①

随着新闻传播事业的发展，在外报报馆中工作的中国人学会了办报。开始办报的中国人多是传统的知识分子，具有写作策论的传统，这样，中国人自己创办的报纸就把策论和新闻结合起来了。这些报刊没有新闻报道和言论的明显区别，多数言论以政论见长，新闻性并不强。1874 年，由王韬主笔的《循环日报》在香港创刊，这是我国第一份以政论为主要特色的报纸。为了适应版面需要，王韬将每篇文章控制在1,000至1,200字，这已经比较接近现代新闻评论在传播效率上的要求，因此这一篇幅要求被后

① 曾建雄.冲出樊篱的早期中文报刊评论[J].广西大学学报(哲学社会科学版)，1994(4).

来的报纸传承下来，“逐步形成了我国近代报刊以短小精悍为主的政论风格”[①]。这样，王韬所创的报刊政论文体就被沿袭了下来。

自戊戌变法以后，中国报刊逐步形成了政论的传统。1896年，维新派的著名报纸《时务报》在上海创刊，梁启超任主笔。梁启超继承了王韬的报刊政论传统，将“论说”办成了《时务报》最为引人注目的栏目。他的文章结合时事，文白结合，文笔犀利，见解新颖，笔触饱含感情，其风格被称为“时务文体”。另外，梁启超还提倡给新闻配按语，其中评论性按语就是典型的新闻评论，对后来的新闻报道产生了深刻影响。但是，《时务报》上的政论文章以宣传变法为鹄的，仍没有把传播效率作为报章文体首要关注的问题。比如，在《时务报》上发表的梁启超最著名的文章《变法通议》共分14篇，约7万字。从篇幅上来讲，《变法通议》的传播效率并不高，不具备现代新闻评论的特征。

1904年，康有为的弟子狄葆贤（楚卿）在上海创办《时报》，《时报》开辟了“时评”专栏，针对重要的新闻事件开展评论，把中国传统的政论改造成了新闻评论。《时报》上的“时评”既有新闻性，又有较高的传播效率，很快被国内报刊效仿，成为中国报界的公用文体。

中华民国建立前后，很多报纸都开始精心撰写社论、短评，撰稿人多是积极的政治活动家，他们以政党报刊为阵地，阐述政治主张，使报刊成为政党的言论机关。以《民报》和《新民丛报》为代表的政治论战就发生在这一时期。“不少报刊广泛设置了‘社论’‘社说’‘论说’‘时论’‘代论’‘来论’等栏目，在显著的位置刊载评论。报刊言论所占的篇幅通常达到全部篇幅的三分之一左右。”[②]虽然后来遭到南北军阀的镇压，但言论仍是当时报刊的重要组成部分。这一时期，报刊评论的新闻性进一步增强，语言从纯粹的文言文转向半文半白，风格更加通俗，传播效率也进一步提高。

五四运动和新文化运动对中国人进行了思想启蒙，令民主和科学的观念深入人心。国人开始参与民主讨论，自由讨论的风气在报刊上也体现出来。五四时期的报刊评论除了早期已有的形式以外，主要是多了杂文和时事述评。其中，时事述评将报纸和通讯社提供的新闻用自己的语言进行论述，夹叙夹议，形式活泼多样，成为当时教育读者的重要体裁，这也使报刊评论具备了更强的新闻性和更高的传播效率。这个时期的代表报刊有《新青年》《每周评论》《湘江评论》等。

大概在五四运动时期，“新闻评论”的概念才初步成形。据考证，“新闻评论”作为

---

① 胡文龙.中国新闻评论发展研究[M].北京：中国人民大学出版社，2002：35.

② 方汉奇.中国新闻事业通史[M].北京：中国人民大学出版社，1996：998.

一个词组出现在新闻学书籍中大概是在 1927 年，戈公振先生在其《中国报学史》一书中介绍了于 1923 年成立的平民大学新闻学系，在注释中提供了平民大学新闻学系的分年课程表，其中，第三学年的授课科目中有“新闻评论法”的课程。[①] 在戈公振之后，吴晓芝编著的《新闻学之理论与实用》一书中，有关于“新闻评论”的论述：“新闻评论，无论为文言文，或语体文，应以优美之文笔，抒发各种之意见，使人读之，既易领会，又饶有兴趣。”[②]另外，据记载，燕京大学报学系(1924－1937)开设的特色课程中也包含“新闻评论”课程。由此大致可以推断出“新闻”和“评论”两个词被组合成“新闻评论”应该是在 20 世纪 20 年代前后。[③] 20 世纪 20 年代初期，随着马克思主义的传播和中国共产党的成立，无产阶级和工人报刊迅速发展。除了中共中央发行的《向导》《新青年》《前锋》《热血日报》以外，党的各地方委员会也发行自己的机关报，大批群众性报刊相继发刊，在国共合作背景下，国共两党还合作创办了一批革命报刊。这些报刊大都刊发了大量的评论，针砭时事，引导舆论，评论形式包括社论、时事述评、政论、杂感、小言论等，宣传的主要内容包括：传播马克思主义思想；分析国内外政治形势；反对帝国主义、封建主义；宣传孙中山先生提倡的“三大政策”；支持群众的爱国运动等。例如，《热血日报》的评论《斥文汇报记者》《字林报的谬论》《制裁大陆报的社论》、毛泽东撰写的《〈政治周报〉发刊理由》等都是比较优秀的评论文章，这些文章充满革命豪情和战斗精神。革命报刊是伴随着激烈的舆论斗争诞生的，并在舆论斗争中发挥了重要引导作用。

在当时的社会环境下，民营报刊在封建军阀斗争的缝隙中求生存，这也使得民营报刊的评论出现两种倾向：一类是以《新闻报》《时报》为代表的民营报纸，在言论上谨慎保守，以免因言贾祸，像《时报》则“极少发表社论、时评一类的文章”；另一类是以邵飘萍主编的《京报》、林白水主持的《社会日报》为代表的民营报纸，加强了报纸言论，报社通过各式各样的评论批评时政，引起了军阀政府的强烈不满，很多报人因此遇害。其他在评论方面较有特色的报刊中，《商报》“主笔陈布雷撰写的评论，名重一时”，复刊后的“新记公司”《大公报》刊载的言论也颇有特色。

19 世纪 20 年代中后期，随着国民党右派背叛革命，国共两党进入十年内战时期。国民党在其统治区内加强了言论统制，操控社会舆论。共产党则通过在根据地创办自己的报刊，以及在国统区创办地下报刊与国民党进行舆论斗争。《红色中华报》是中华

---

① 戈公振.中国报学史[M].上海：生活・读书・新知三联书店，1955：264.

② 吴晓芝.新闻学之理论与实用[M].北京：北平立达书局，1933：138.

③ 张玉川.对“新闻评论”一词的溯源与考证[J].国际新闻界，2012，34(1)：101-105.

苏维埃临时中央政府的机关报，设有社论、小时评等评论栏目，《红星》报也常刊载社论和理论文章，毛泽东、周恩来、博古等通知都为《红星》报写过不少社论，方志敏则经常为《红色东北》写社论。这些评论文章宣传党的革命路线，号召人民群众推翻国民党的独裁统治。“九一八”事变之后，面对国家危亡，包括共产党报刊在内的进步报刊都积极投身抗日救亡的宣传，一些进步的左派报刊在抗日方面的评论表现出色。史量才主持的《申报》改变了保守的政治立场，发表的言论反对蒋介石的不抵抗政策。同时期，上海的《新闻报》《时事新报》、天津的《大公报》都积极发表抗日评论，发挥了报纸引导舆论的积极作用，深受读者欢迎。

全面抗日战争开始以后，国共两党的报刊都积极宣传抗战，连国民党的《中央日报》也发表了著名社论《待从头收拾旧山河》，鼓舞民众抗战的豪情。作为当时中共中央的机关报，《解放日报》和《新华日报》的新闻评论形式多样，以社论为主导，还有代论、国际评论、时评、短评等，报社还专门成立了社论委员会指导社论写作。在民营报刊方面，邹韬奋主办的很多报刊也非常重视报刊言论。“新记公司”《大公报》、重庆《新民报》的报刊言论都独树一帜，很有特色。《大公报》的一些社论洋溢着民族自豪感和不屈的战斗精神，对于鼓舞抗战士气起到了重要作用。重庆《新民报》的评论则短小精悍，适于报刊传播的需要。《大公报》和《新民报》“都对民主运动的推进尽了一份舆论之力”。

抗战胜利以后，围绕着国家前途，重庆《新华日报》、延安的《解放日报》与拥护蒋介石的《中央日报》《和平日报》《大公报》展开了新闻史上著名的大论战。《新华日报》刊发的《先生此言差矣》《出尔反尔》《与大公报论国是》《可耻的大公报社论》等社论对支持蒋介石集团的《中央日报》《大公报》等报刊的错误言论进行了驳斥，剖析了国民党统治的反动性。延安的《解放日报》也以《驳〈大公报〉》《驳蒋介石》等为题驳斥了国民党及其御用报刊的反动言论。民营报纸方面，以重庆《民主报》为代表的进步报纸则因发表反迫害、反暗杀的新闻报道和反对官僚资本、反对国民党独裁统治的评论受到国民党特务的迫害。但是，进步报纸与共产党的报纸相互配合，极大地改善了解放战争的舆论环境，推动了解放战争的胜利进行。

中华人民共和国成立之后，“文人论政”的传统宣告结束。但是，新闻评论发展长期受到政论传统的影响，新闻性并没有得到特别强调，“新闻评论”一词也较少在媒体和研究文章中出现。但是，经过社会主义改造，我国的新闻事业逐步摆脱了私有体制的禁锢，报纸在传播新闻信息、坚持正确的舆论导向方面发挥了积极作用，新闻评论也成为报纸解释党的政策、引导公共舆论的重要体裁。这一时期的新闻评论仍主要以“社论”为主，强调评论必须代表报社立场。

20世纪60年代初期，我国的报刊杂文掀起继五四运动之后的又一个高潮。邓拓执笔的《北京晚报》“燕山夜话”，邓拓、吴晗和廖沫沙三人负责执笔的《前线》杂志的“三家村札记”和《人民日报》的“长短录”都是当时办得非常有特色的杂文专栏。杂文与新闻评论的概念不同，杂文的新闻性和表达效率都不如新闻评论。但是，这一时期的杂文开创了中华人民共和国成立后自由讨论的新风气，而自由讨论的社会氛围也是新闻评论发展的必要条件。

1978年5月，《光明日报》发表特约评论员文章《实践是检验真理的唯一标准》，掀起了关于真理标准的讨论，打破了“文化大革命”和“左倾”思想带来的禁锢。《实践是检验真理的唯一标准》并不是新闻评论，而是一篇典型的理论文章。但是，该文成为“中国进入社会主义现代化建设新时期思想解放的宣言”①。

改革开放之后，中国社会思想逐步活跃，媒体也越来越多样，新闻评论除了借助传统的报纸进行传播之外，广播电视评论也非常活跃。传统的广播电视评论存在着依赖报纸和通讯社的弊端，实际上已沦为报纸和通讯社评论的搬运工，自己的评论数量很少，质量也不高。改革开放之后，这一状况得到改善，广播电台、电视台积极建立自己的评论队伍，培养专职评论员。中央人民广播电台在1980年这一年就播出了132篇评论，从1979年到1984年，中央人民广播电台的全国联播节目共播出评论800多篇。②

进入20世纪90年代，人们的思想更加开放，反映在新闻评论上，评论的选题更加多样，内容也从传统的政治性评论扩展到经济评论、社会评论、文化评论、体育评论等。很多报纸创办了言论专栏，一些报纸还开辟了评论版面。广播评论进一步繁荣，电视评论逐步兴起，有主持人评论、谈话类评论和专题评论。随着互联网的出现，网络言论也进入了人们的视野。各种媒体的评论队伍都继续扩大，评论的群众性增强，新闻评论的功能从政治解读和政治引领逐步转变成公民表达的重要手段。

## 二、新世纪新闻评论的兴盛

20世纪90年代以后，中国的改革开放进入新时期，尤其是2001年以后，中国加入了世界贸易组织，中国的经济和社会开始加速融入全球化浪潮。仅从经济方面来说，中国进出口贸易占世界贸易总额的比例逐年增加，与世界的经济交往越来越多。经济交往的扩大一方面开拓了人们的视野，另一方面也对中国的文化观念、政治结构

---

① 方汉奇.中国新闻事业通史[M].北京：中国人民大学出版社，1996：427.

② 方汉奇.中国新闻事业通史[M].北京：中国人民大学出版社，1996：554.

和政治观念、传播技术、传播理念等方面产生了巨大的影响。

首先，经济全球化带来的经济活动不仅是物质方面的流通，同时也会留下语言、文化、技术、管理以及生活观念等方面的烙印，必然会对所在国家产生冲击。尤其是我国加入世界贸易组织以后，主流的意识形态、文化传统都受到极大的冲击。一方面我国要吸收国外先进的思想文化，另一方面也要保持意识形态、文化传统的稳定性，中外文化、思想、技术等方面的交流、竞争都推动了新闻评论的发展。

其次，改革开放以来，我国的社会和政治生活逐步正常化。社会政治环境的宽松一方面保障了决策科学化、程序化、法治化，另一方面也催醒了国人的公民意识，公民个体开始主张自己的知情权、参与权、监督权等基本公民权利，这些也为新闻评论的发展提供了社会空间。

再次，在马克思主义思想指导下，在社会层面，社会意识和多元化文化为新闻评论的蓬勃发展提供了思想滋养。改革了开放之前，国家主流的文化和意识形态渗透到社会基层组织，公民个人自由思考的空间受到极大压缩。但是改革开放之后，中外文化交流增多，国外的新思潮、新观念、新理论都在冲击着传统文化。在各种新思想、新观念的支配下，人们面对社会公共事件，会从各自的观念和理论出发发表意见，表达自己的主张，这为新闻评论的发展提供了肥沃的思想土壤。

随着互联网的普及和政府信息公开的推进，政府行为受到"全景监狱"式的围观，执政环境空前复杂。为了引导舆论和公共情绪，政府和传统的主流媒体也开始加强新闻评论的力量，很多传统媒体增设了评论版，除了加强媒体内部新闻评论的写作力量以外，还向社会征集新闻评论，促进了新闻评论的发展。

最后，信息网络化为新闻评论的发展提供了传播便利。互联网的发展不但为各种思潮的传播提供了传播渠道，事实上也在互联网上形成了一个公民自由表达的空间。公民可以借助互联网讨论公共事件、讨论国家政策的制定和执行情况、监督政府及公务人员的行为。尤其是博客、微博、微信公众号等自媒体，成为个体意见的集散地，这也从侧面体现了新闻评论在互联网时期的兴盛。

在上述各种因素的共同作用下，中国新闻评论的发展在21世纪初达到了高峰。新闻评论在传播渠道上更加丰富，除了传统的报纸评论以外，还有广播电视、互联网评论和短小精悍的自媒体评论。另外，一些报纸开辟了专门的评论版，比如《南方都市报》《人民日报》《中国青年报》等。整体来看，新闻评论是随着公民表达的开放而逐步发展起来的，并且也将随着社会改革的发展进一步发展。

# 第二节　新闻评论的基本属性

## 一、新闻评论的新闻属性

新闻性是新闻报道的基本性质，也就是说新闻发布的时间与事件发生的时间差越短越好，或者是报道的新闻事件或现象被第一次报道出来。新闻评论的基础和对象是新闻报道，它必须以新近发生的事实作为评论的由头或者对象。

新闻评论因其新闻性特征，评论的选题具有特定的时空限制性。新闻评论的选题或评论对象必须是新近发生的事实或者在评论写作时存在的新闻现象，对评论选题和评论对象新闻性的要求也是新闻评论区别于其他言论性作品的重要标志。所谓新闻性，首先是事件的新鲜性，即受众未知或者刚开始传播、意义或影响尚未明了的事件，需要新闻评论为受众指明其意义或者影响；其次是新闻事件发生以后，新闻媒体在最短的时间内发表评论，指明其意义或影响。也正是因为这一点，赵振宇先生认为，《人民日报》“任仲平”的文章“耗时少则几天，多则两年，大多数耗时超月，不具备新闻的时效性”，它“仅有极少一部分在形式上属于新闻评论，更多的还是属于理论文章，只不过它是在新闻媒介上以新闻的形式刊发而已”①。更重要的是，新闻评论的必要性在于新闻事实或现象的争议性，这种争议性是新闻事件本身新闻价值的表现，事件的争议性越大，新闻评论的传播价值也越大。而这种争议也是在一定的时空中才存在的，超越了特定的时空，观点的争议性可能就不存在，新闻评论也就失去了存在的依据。

同样出于新闻评论新闻性的考虑，新闻评论的作者必须具有倚马可待的写作功底，尤其是在新媒体条件下，新闻事实发生与传播的时间差越来越小，甚至小到同步进行的地步。对新闻事实进行解惑释疑的意见性信息也必须紧跟新闻事实的传播，才能满足受众对信息的需求。为了能够适应这种传播的高效性，很多媒体设置了评论记者岗位，令新闻记者在采访新闻素材或报道新闻事实的同时，可以就新闻事件发表有关评论。这样一方面可以使观点更接近特定时空中的新闻事实，更具有合理性，更接地气；另一方面也缩小了新闻评论与新闻事实在传播中的时间差。在空间方面，新闻评论也越来越青睐于借助新媒体将观点在最短时间内传播到最大的空间中。对新闻评

---

① 赵振宇，胡沈明.“任仲平”文章新闻评论属性探析[J].新闻大学，2013(3)：37-45，57.

论员来说，他必须具备一眼洞穿新闻事件本质和新闻价值的本事，这一方面需要新闻评论员具备新闻敏感，另一方面需要新闻评论员加强自身的知识积累，提高分析社会问题的能力。

## 二、新闻评论传播的高效率性

新闻评论是借助大众传播媒介进行传播的文体，传播效率是新闻评论必须考虑的因素，因此，新闻评论的篇幅不能太长。由于受篇幅的限制，新闻评论在观点表达和表现、逻辑推理等方面都必须在有限的空间里完成，因而也确定了新闻评论作品的其他一些特征。

首先，为了提高表达效率，即在最短的时间内把作者的观点传播到最广大的空间，新闻评论的观点往往开门见山，在文章的开始就直接提出，不绕圈子。《中国青年报》评论员曹林还提出："一篇评论，如果读者读了 300 字还读不到你的观点，还不知道你想说什么，你这篇评论基本上就失败了。"①

其次，在结构上，新闻评论要么是递进结构，要么是并列结构，这些都由推理的逻辑来决定。相对于其他意见性文章，新闻评论的结构比较简单，有人甚至把新闻评论的基本格式斥为"三段论"，即提出问题、分析问题、解决问题。这样说有一定道理，因为在这样简短的文章中，一篇新闻评论无法完成特别复杂的逻辑推理过程。而且，为了提高阅读的效率，每一段文字也都特别简短，但是，这也是在传播效率和篇幅的限制下能够做出的最优选择。

再次，为了提高表达效率，文章必须围绕中心观点集中论述，不允许文章横生枝节。在段落上，一个段落表述一层意思，段落之间的咬合比较紧密。

最后，在语言特色上，新闻评论的语言要求言简意赅，为了方便阅读，一般要求使用规范的白话语言，并且应该注重逻辑性和形象性相结合，减少读者阅读的障碍。这都是传播效率和表达空间共同作用的结果，也是新媒体评论尤其是微博评论备受青睐的原因。

虽然新闻评论需要非常高的传播效率，但是，也不是评论的速度越快越好。尤其在新媒体时代，很多评论作者担心自己的评论会被人抢先而错过发表机会，于是想第一时间发表出来。但是，多媒体的出现也导致了一个显而易见的后果，即多媒体的扁平化时空结构带来了碎片化和表层化的传播，新闻事实难以呈现完整的面貌，我们抓

---

① 曹林.时评写作十讲[M].上海:复旦大学出版社,2011:41.

紧时机发表的新闻评论最后很可能与完整的事实本身相差甚远。另一个现象是一些评论作者成为与时间赛跑的“快刀手”，一个作者同一天可以对多个新闻事件在不同媒体发表评论，这样也会损害新闻评论的深刻性和严肃性。虽然新闻评论在体裁上为“快刀手”提供了便利，但是，好的新闻评论毕竟需要“深刻和严肃的思想”，离开了一定时间的思考和对新闻事件发生的特定时间及空间的考察，这种新闻评论就会变成新闻传播中的“垃圾食品”。

## 三、新闻评论的公共性

由于新闻评论需要借助大众传播媒介进行传播，因而具有面向公众的公共性。首先，在选题上，新闻评论多选择具有公共性质的事件或者话题进行评论，这也是新闻评论能够吸引广大读者，并借助大众传播媒介进行传播的重要根源。比如，新闻评论对公众人物、公共事件，涉及民生、公共道德等问题的评论，往往也是公众共同关心的问题。无论是什么级别的新闻评论，缺少了公共性的话题，便很难进入大众传播的领域。其次，大众传播的受众特性决定了新闻评论在说理上的公共性。新闻评论的说理必须考虑公众的感受和可接受程度，否则就会降低新闻评论传播的预期效果，这一点和新闻报道的公共性非常相似。最后，新闻评论的公共性还直接体现为传播效果的公共性。因为大众传播的对象是公众，新闻评论可能到达的受众以及可能产生的传播效果也必然是具备社会性和公共性的。新闻评论传播的初衷，就是为了阐明作者的观点，说服尽可能多的人接受或者理解作者的立场、观点和态度倾向，这实际上对于广大受众来讲就是一种舆论引导。正是因为新闻评论的这种舆论引导的初衷，其传播的公共性就更加明显。这就要求新闻评论作者善于审时度势，判明公众的舆论走向，做出针对性的解释和回应。

**思考与练习：**

1.自20世纪90年代以来，我国新闻评论蓬勃发展，想一想，有哪些有力的社会条件为这些发展提供了基础。

2.新闻评论与一般的论说文或者杂文有什么区别？讨论一下为什么存在这些差异。

3.考察一下你周围的同学，他们是否经常阅读新闻评论？通过什么渠道阅读的？阅读渠道对当代新闻评论的发展有什么影响？

# 第二章 新闻评论的选题

## 第一节 选题的评论价值

确定新闻评论的选题就是确定新闻评论的论题的过程，就是评论作者选择自己的评论范围、评论对象和问题的过程。确定选题是进行新闻评论的第一步，它是作者思考和评论的起点，也规定了新闻评论的方向、目标和范围。

新闻评论作为意见性信息的表达体裁，是评论作者进行意见表达的主要载体。这既取决于新闻事实本身的因素，也取决于评论作者本身的因素。

就事实本身来说，什么样的新闻事件和新闻现象能够进入作者的选题视线、什么样的新闻事实不能作为评论的选题，是有一个标准的，这个标准就是选题的评论价值。所谓评论价值就是在各种社会观念关照下，新闻事实本身所包含的能够引起公众争论以及给予公众启示作用的素质的总和，这是一个主观与客观因素共同作用的东西。这个概念有几个关键词。第一个关键词是社会观念的关照，即新闻事实的评论价值都是在各种社会观念关照下的产物，社会观念本身具有主观性，但是某种社会观念一旦形成，就具有一定的稳定性和延续性，左右着人们的价值选择。比如社会公德、社会伦理、法律观念等就是比较稳定的社会观念。新闻评论就是用一定的社会观念去丈量新闻事实的过程。第二个关键词是新闻事实本身，强调了评论价值的客观性和对新闻事实的依附性。第三个关键词是公众争议和对公众的启示，一个新闻事实所包含的争议性越大，对公众的启示作用越大，评论价值就越大。从评论价值的定义来看，评论价值就是评论者的社会观念与新闻事实互相契合的结果，确定新闻选题的过程就是对新闻事实的评论价值进行判断的过程，也是一个主客观互相作用的过程。

一般来说，新闻的评论价值可以概括为以下几点：

## 一、新闻性

新闻评论必须是针对新闻事件、新闻现象的评论。选题的新闻性把新闻评论与其他类别的评论,比如历史评论、文艺评论、电影评论等区别开来。没有新闻价值的对象往往不会作为新闻评论的选题,即便非要选择这类问题或事物作为新闻评论的选题,也要为话题寻找一个新闻由头。

## 二、争议性

新闻事件的争议性越大,评论价值就越大。一个新闻事件虽然具有很高的新闻价值,如果公众对该事件的意义和影响没有异议,它也就不具有评论的价值,不能作为新闻评论的选题。新闻评论发挥作用的前提就在于公众意见不一致,通过新闻评论的说理,让公众接受作者的意见。

## 三、重要性

一些重大的新闻事件可能涉及很多人的切身利益,对国计民生和社会发展方向有重大影响,这时就需要借助新闻评论指明其影响和意义,或者动员公众采取一致的行动应对危机,这样的新闻事件就具有重大的评论价值。比如每年的"两会"、涉及战争与和平的重大事件、重大的民生事件等。选题的重要性包括选题能影响的范围有多大、影响了多少人,以及影响是否深刻。影响的空间越大、人数越多,影响越深远,选题就越重要。

## 四、对公众的启示性

有些新闻事件影响深远,能够给人以深刻的启示,自然具有较大的评论价值;还有些事件看起来不大,甚至是一些细微的事件,但却包含了重大的社会导向意义或者警示意义,在思想方面有较大的开掘价值,能够给人以启示,这样的事件也具有较大的评论价值。

新闻事实的评论价值与新闻事实的新闻价值并不是一个对等的概念,二者既有联系又有区别。具体来说,具有评论价值的事实一般都具有新闻价值,但是并不是具有新闻价值的事件都具有评论价值,新闻价值很大的新闻事件,其评论价值不一定大,只有争议性较大的新闻事件才具有评论价值。

之所以说新闻选题是主观与客观的契合，是因为一个评论作者确定什么样的选题，首先取决于新闻事实本身的社会价值这一点是客观的。另外，新闻选题与作者本人的思维结构和知识结构也有很大关系，评论作者的选题一定是作者本人的知识结构和思维结构能够驾驭的新闻事实，或者是作者能够从新闻事实中发现具有评论价值的因素，这些都是主观性的。作者在评论选题时，必须找到主观方面与客观方面的最佳结合点。

## 第二节　新闻评论选题的类别

新闻评论选题来源不同，性质也不尽相同，就一般的评论来讲，有直接对新闻事件发表的评论，有就一直存在的社会现象、社会思潮等方面的问题进行的评论，还有一些是针对节日或者纪念日发表的评论，根据选题来源和选题性质的不同，我们可以把选题分为若干类别：根据新闻事件的性质，我们可以把选题分为事件性选题和非事件性选题；根据选题内容，我们可以把选题分为政治性选题、经济性选题、文化性选题、民生类选题等；根据选题出现的时间规律，我们可以把选题分为周期性选题和非周期性选题等。下文我们将重点介绍事件性选题、非事件性选题和周期性选题。

### 一、事件性选题

事件性选题是就突发的新闻事件或者新闻事件的最新进展展开评论的选题。事件性选题紧跟新闻事件，具有明显的新闻性，一些新闻事件还具有较大的社会冲击力，成为评论作者选题的“富矿”。目前，事件性选题是新闻评论中占比较多的选题，是新闻媒体特别是都市类媒体和新媒体评论的主要选题来源。比如媒体对2017年上海携程亲子园伤害幼童事件以及北京红黄蓝幼儿园风波、“江歌案”、“于欢案”等新闻事件的评论，都是以新闻事件作为选题来源的。事件性选题要求评论作者时刻保持对新闻的关注与追踪、保持对新闻事件的评论敏感性，并要确保写作的高效率，时效性对此类新闻评论非常重要。

### 二、非事件性选题

非事件性选题是相对于事件性选题而言的，大致包含两类情况：一类是一段时间内或在若干空间中发生的情况、经验或问题，属于概貌性或阶段性的选题，多属于延缓性新闻的范畴，其时态往往是渐进性的。比如 2017 年 1 月 17 日《人民日报》评论版刊登的新闻评论《防沙治沙，政府还得当导演》就是一个非事件性选题，评论的对象是防沙治沙工作，是在我国开展了很多年，最近 10 多年才取得明显成效，并且还在一直进行的工作。另一种类型的非事件性选题一般是评论作者以自己所见所闻的一些社会现象或思想动向作为评论选题，这类选题一般也具有新闻性，但是不一定见诸媒体报道，事件往往反映出比较深刻的道理或者不为世人所关注的社会动向。新闻评论对此类选题的操作一般是小切口、深挖掘，追求见微知著，开掘选题深藏的社会启示意义和思想动向。比如，《人民日报》2017 年 12 月 26 日发表的评论《靠什么纾解“作业压力”》就是以家长陪孩子写作业这一社会现象作为评论的选题，文章开头是这样写的：

> 快要期末考试了，有中小学生的中国家庭，往往弥漫着紧张的气息。陪读“气到崩溃”的爸爸妈妈们，嘶吼声根本停不下来。一份《中国中小学写作业压力报告》称，中国学生日均写作业时长达 2.82 小时，是全球平均时长的近三倍；超过九成的家长有陪孩子写作业的经历，其中近八成是天天陪。①

评论涉及的是在中国家庭中见怪不怪的家长陪读、陪写作业等日常现象，但是这些现象背后隐藏着深刻的社会问题，评论揭示了隐藏的“基础教育落后于时代”问题，对社会有很大的警示作用。

## 三、周期性选题

和新闻选题一样，部分新闻评论的选题也会由于人们对某一时间的特殊关注而具有周期性特征，比如每年的“两会”、党代会，重大的节日、纪念日等特殊时刻，都是新闻评论选题的重要来源，因为这些时刻呈现周期性特征，相关的新闻评论选题也随之呈现周期性特征，这类选题被称作周期性选题。

时间本身是客观的，并不具有评论价值，但是有一些特殊的时间会在特定的空间里被人们赋予特殊意义，并因而产生了评论价值。比如很多报纸每年发表的元旦社论（又称新年献词）、纪念改革开放四十周年的评论、纪念抗日战争胜利 70 周年的评论

---

① 李泓冰.靠什么纾解“作业压力”[N].人民日报，2017-12-26.

等，都属于这一类的选题。有些选题只在特殊的空间里才有评论价值，因为其涉及的事件的影响范围或者产生的社会启示意义有限，比如某一省级报纸为本省的党代会或者“两会”推出的评论选题；还有一些事件具有全球性意义，属于具有国际意义的周期性选题，比如纪念第二次世界大战结束、纪念柏林墙倒塌等历史性事件的评论选题。周期性选题主要是借某一历史事件的契机，评论事件对当前的影响或者给人们带来的启示，评论的重点在于当前的形势，一般都属于“借题发挥”类型的选题。

## 第三节　选题的基本来源

寻找选题就是选择要评论的话题，这对新闻评论作者来说非常重要，有了选题，就意味着评论作者有了可以选择的评论对象。一般情况下，新闻评论的选题有以下几个来源：

### 一、社会比较关注的热点问题

在一段时期内，政府和媒体都有自己关注的重点问题，这些问题往往是新闻评论选题的重要来源。如一些时事政治性评论，党和政府发布的路线、方针、政策等重大的问题，都是经由媒体报道引起社会广泛关注和议论的事件，往往成为新闻评论选题的重要来源。比如，2019 年下半年，由于受到非洲猪瘟疫情和其他因素的影响，全国各地的猪肉价格飞速上涨，给群众生活带来了较大影响。国家及时推出一系列措施鼓励生猪养殖，扩大供应储备猪肉及猪肉进口，并为此制定了鼓励生猪养殖的一系列政策。针对这些政策，就发表了不少新闻评论，这就是针对重大政策的新闻评论选题。比如，《福建日报》的《走好生猪养殖业的转型之路》、《湖南日报》的《以多维度创新助推生猪养殖转型升级》、央广网的《加大生猪市场供给侧结构性改革，破解“猪周期”困局》等，都是针对这一选题做的新闻评论。

还有一些是引起社会关注的事件性选题，尤其是当这些事件涉及公共舆论、公共利益或者有重要的社会伦理道德启示时，更易被关注。2016 年，中国赴日留学生刘鑫被前男友陈世峰纠缠，刘鑫的闺蜜江歌为了解救刘鑫，被陈世峰杀死。一年后，江歌的母亲与刘鑫母女的对话被公开发布到互联网上，此事引起网民对刘鑫的道德谴责，一时成为互联网上的热门话题，也成为新闻评论选题的热点。围绕这个话题，网上出现了很多新闻评论，比如《江歌血案留给人们的思考》《“江歌遇害案”变成“江歌刘鑫案”连带伤害了谁？》《江歌案中的法律事件与道德事件》《江歌案里的民愤没那么“低端”》《江歌之问：情绪不能代替事实》等，这些文章虽然观点各异，但都是针对这一社会热点问题进行的评论，属于相同的选题。

另外，还有一些重大节日、国家的重要纪念日等节点也是新闻评论选题的重要依据，因为时间节点的重要性或敏感性，令其比较容易成为新闻评论选题的来源。比如纪念抗日战争胜利70周年、中华人民共和国成立70周年等重要的时间节点，都产生了大量的新闻评论，也就是前面所讲的周期性选题。

## 二、贴近群众生活和社会实际的问题

有一些社会热点问题虽然没有经由具体的新闻报道体现出来，但是常常出现在领导谈话、政府调研和群众的街谈巷议中，比如对国家反腐败的议论、对教育、医疗、扶贫等工作的民间议论，虽然不一定经过媒体报道，但是老百姓对这些问题还比较关心和关注，它们也是名副其实的社会热点问题，这样的选题要注重引导社会舆论走势，分析小问题中的大道理。《人民日报》2018年1月4日评论《以宅基地改革推动乡村振兴》就是一个与群众生产生活息息相关的选题，反映的也是在目前的社会改革中出现的实际问题。

2018年1月7日，人民网发表评论《别让奶油味的笑气继续危害孩子》，评论的对象是近两年在部分地区的KTV和夜店里，在年轻人间开始流行的奶油气弹（又称“笑气”，即一氧化二氮，分子式 $N_2O$）游戏，奶油气弹的危害虽然比不上其他毒品，但长期或大剂量滥用，会影响维生素 $B_{12}$ 的吸收，造成恶性贫血，导致末梢神经及脊髓病变，出现手脚麻木等症状；还可能造成精神异常，如嗜睡、抑郁或精神错乱等，症状严重时甚至会危及生命。但是，这个问题并没有引起人们的重视。文章希望完善法律体系，加强对奶油气弹市场的监管，防止其对社会造成更大危害。这也是一个贴近群众生活、反映社会隐患的选题。

贴近群众生活和社会实际的选题不一定都会见诸新闻媒体，有时候，作者本身的见闻也可以作为评论对象或者由头。这就要求新闻评论的作者要注意深入社会生活的实际，观察生活、观察社会现象，并结合自己的理论知识，深入思考，发现事件和现象的评论价值。为了鼓励新闻评论员深入实际，很多媒体设置了“评论记者”岗位，以鼓励新闻评论员走出报社，深入新闻现场，多观察多思考，写出接地气的文章，尤其是新闻选题和立论要贴近群众的所思所愿，贴近新闻时事的本来面目，防止虚拟环境令评论员与事实（真相）隔离。

## 三、没有引起广泛关注，但是对社会意义重大的冰点问题

新闻评论不只是在热点上找选题，有时候，避开热点，在媒体报道都不太关注，或者人们不经意的领域也能够找到选题，这类选题虽然是新闻报道的冷门区域，但是新闻事件蕴含的道理和现实意义可能非常重大。《中国青年报》有一个时评栏目叫《冰点时评》，这个栏目的很多新闻评论都是从不被人们关注的冷门事件中寻找选题。该栏目刊登过的《国人读书少，原因何在？》《新建特色小镇要为农民多着想》等都是避开热点，从冷门选题中找到对当前工作和社会思想的新启示的评论。

2018 年 1 月 4 日，《人民日报》评论《“挂名出书”侵蚀职称成色》评述了有些网店明码标价叫卖书籍的“作者”“主编”署名权，卖家承诺书籍质量并保证一书一号，如有违反还应支付双倍违约金。部分高校教师花重金“挂名”出书，以此为筹码在职称评定中占得先机。同时，评论指出，“红火”的挂名生意背后，是人才评价体系的深层问题。该评论批评了高校职称评定过程中重数量不重质量、重形式不重内容的现象，切中时弊，涉及的也不是经由媒体报道的热点问题，但是反映的社会积弊却让人沉思。

同在 2018 年 1 月 4 日，《人民日报・海外版》发表评论《善意从小学课本开始》针对中国大陆的小学课本如何介绍台湾展开评论，实际上是避开了当前公众关注的一些热点问题，从一个公众都不太关注的角度对海峡两岸关系的发展现状做了评述，批评了台湾方面“去中国化”的行径。以上都是在媒体关注的热点之外寻找选题的例子，非热点问题也是新闻评论选题的重要来源。

这类选题一方面要注意日常的观察，另一方面要注意寻找评论的角度，要能够在观点方面“推陈出新，标新立异”，并且能够让读者从中获得精神愉悦和富有哲理的启示。

**思考与练习：**

1.什么是选题的评论价值？包含哪些因素？

2.周期性选题是定期出现的新闻评论选题，属于新闻评论中的“老话题”，那么，新闻评论作者该怎样为这些“老话题”注入“新思考”呢？

3.如果你是一家都市报评论版编辑，想一想，下列哪些新闻可以作为评论的选题？你会选取什么样的评论角度？

(1)2018 年 2 月 28 日，美国驻华使馆在其微博官方账号上发布了这样一条微博："一个世纪以前，在第一次世界大战期间，参战部队释放了芥子毒气及其他有毒气体，在欧洲战场上造成了数万人死亡。使用这类毒气的行径令全世界义愤填膺，并于 1925 年通过《日内瓦公约》，禁止使用化学武器。后来的第二次世界大战，虽然是历史上伤亡最惨重的战争，但是敌对双方都没有使用化学武器。然而这种行径并未绝迹，首先是在 20 世纪 80 年代，由伊拉克在对伊朗的战争中动用了化学武器，并随后针对其库尔德少数族裔再次动用了这类武器。现在，叙利亚冲突迫使文明世界必须又一次抗击这一祸患。"

(2)2017 年 7 月至 8 月间，合肥市公安机关接连接到十余起报案，报案内容基本一致：兰博基尼、奔驰、凯迪拉克等豪车，均在夜间被砸碎车窗玻璃，车内物品失窃。经查，嫌疑人为合肥市民郑某，该男子一夜连砸六辆车，仅盗得三条烟、两把伞。近日，经安徽省合肥市庐阳区检察院提起公诉，这起被合肥市私家车主议论纷纷的案件正式开庭审理。法庭当庭宣判，被告人郑某犯故意毁坏财物罪，判处其有期徒刑三年零六个月。

(3)郑州市民 69 岁的段勇和中年医生杨欢住在一栋楼里，原本是邻居。住在 24 层的段勇进入电梯时，手里拿着一根点燃的烟，电梯下到 14 层时，他遇到杨欢，因为是否应该在电梯里吸烟，两人起了争执，从电梯里一直争到小区物业门口。谁也没想到，10 分钟后，段勇突然心脏病发作倒在地上，救护车赶来时已身亡。

一边是没有遵守禁烟规定的过世老人，一边是有公共意识的中年医生。两家的矛盾也因此不断升级，争辩地点从物业到派出所再到法庭，该事件被媒体曝光后，又在公共空间形成舆论战。段勇家属将杨欢起诉至法院，要求杨欢赔偿死亡赔偿金、丧葬费、精神抚慰金、医疗费共计 40 余万元。

郑州市金水区人民法院对此案做出一审判决。法院认为，老人在电梯内抽烟导致双方发生语言争执，老人猝死，这个结果是杨欢未能预料到的，杨欢的行为与老人死亡没有必然的因果关系。但老人确实是在与杨欢发生言语争执后猝死的，依照《侵权责任法》规定，受害人和行为人对损害的发生都没过错的，可以根据实际情况，由双方分担损失。根据公平原则，法院酌定杨欢向老人家属补偿 1.5 万元。

这个结果段勇家人无法接受，继续上诉。二审撤销原一审判决，并驳回原告的诉讼请求，认为劝阻吸烟者无过错，无须承担侵权责任，包括在一审判决中要求被告人向死亡老人家属补偿的 1.5 万元一并撤销。

# 第三章　新闻评论的立意

## 第一节　新闻评论中的观点与事实

新闻评论传播的是意见性信息，因此，观点在新闻评论中占有首要的地位。所谓观点，就是评论作者对某一事物所持的立场、意见、态度或倾向。作为主观性因素，观点是对客观世界的反应，因此，所有的观点都建立在事实性因素之上，离开了事实的观点是经不起推敲的。但是，区分事实与观点仍然是必要的，因为这是区分论点与论据、意见性文体与陈述性文体的重要依据。

**共享宿舍火了 高校资源开放不能操之过急**

住一天只要25元！成都高校的"共享宿舍"火了。

时下，各种"共享××"层出不穷，出现"共享宿舍"也不意外。早前便有高校学生私自对外出租暑期宿舍床铺的现象，而"共享宿舍"则像这一现象的"升级版"。据了解，"共享宿舍"是成都双流机场联合西南民族大学等院校，把100间学校闲置宿舍改造为民宿，面向背包客、亲子游等群体出租，这在国内尚属首创。

对于这一举措，几家"点赞"几家忧，有人觉得这是把闲置资源有效利用，利己利人；也有人对校内学生的安全等问题提出了担忧。但其实，大学本就不是一个封闭的"孤岛"，不可能做到完全与外界隔绝，而且高校作为社会的一部分，更应与社会积极融合。高校"共享宿舍"无疑是高校与社会融合的一次积极尝试，也为高校资源开放开了个好头。

高校资源丰富，除了宿舍，还有食堂、图书馆、实验室的设备、会议室和教室等资源，如果这些资源能对外共享与开放，将会发挥更大的效益，社会也会大大受益。

但高校资源开放不能操之过急，比如暑假期间参观清华、北大的家长、学生在校门口排起长队，倘若高校完全开放，那学校无疑将沦陷为“景点”，难免会对师生的工作、学习和生活造成困扰。

所以，高校资源开放应在学校和社会之间找到一个平衡点，制定出详细的方案，做到既能保护学校师生的权益，又能对社会有益。①

这是一篇典型的评论性文章，其观点就是这篇文章的核心，表达观点是该文章的首要任务和主要目的。文章中虽然有一些事实性因素，但是这些事实性因素也都是为表达观点服务的，事实也以观点为主线进行了排列。比如文章中“住一天只要 25 元”“时下，各种‘共享××’层出不穷”“早前便有高校学生私自对外出租暑期宿舍床铺的现象”等句子就是陈述事实，陈述事实的句子的显著特征就是其不具有争议性，是以客观事实为依据进行陈述的。

与事实性因素相对的是意见性因素。在本文中，“出现‘共享宿舍’也不意外”“大学本就不是一个封闭的‘孤岛’，不可能做到完全与外界隔绝，而且高校作为社会的一部分，更应与社会积极融合”“高校资源开放应在学校和社会之间找到一个平衡点，制定出详细的方案，做到既能保护学校师生的权益，又能对社会有益”等内容则是意见性信息，即作者做出的某种判断。

意见性信息有以下几个特征：

## 一、鲜明的倾向性

倾向性是所有意见性信息的共同特征。倾向性并不是事物本身所固有的，无论是新闻性事实还是一般的社会现象，本身并没有所谓的倾向性。但是，当客观事实或现象的某一侧面与人们的利益或价值观相联系时，就会对相关主体的利益或价值观产生一定的影响，这些影响直接反映在评论中，就是作者立场或观点的倾向性。不同的主体对同一事件的倾向性可能不同，甚至同一主体在不同的时间和空间中，利益或价值也会产生一定的差异，这也就造成了观点的多样性。虽然观点各不相同，但具有鲜明的倾向性则是不同观点的共同特征。

---

① 孙庆玲.共享宿舍火了 高校资源开放不能操之过急[N].中国青年报，2017-08-21.

## 二、某种程度上的争议性

马少华认为,“在新闻评论的写作和阅读中,实际上有一条双方共有的知识及经验的水平线:有些东西已经被受众和读者普遍接受,有些东西则没有被普遍接受,那些被普遍接受的内容,可以被看作事实;那些没有被普遍接受的内容,则被认为是作者自己的观点。”①正是因为这种争议性的存在,很多观点是需要论证的。当然,在文章中,我们也常常见到一些不需要论证的观点,这些观点往往是被大家普遍接受的,被认为是真理、事实或者公理。这些不需要论证的观点在文章中往往被作为理论性论据来使用,比如,“实践是检验真理的唯一标准”。但是,总体来看,观点由于具有主体性和社会历史性,在某种程度上,都具有一定的争议性。

## 三、鲜明的指向性

所有的意见均是针对某一事实所发表的观点、看法、态度或倾向,无论是文章的中心论点(总论点),还是分论点,都是针对某一事实提出的观点。另外,新闻评论在行文方面的一个显著特征是:观点必须集中,并呈显著的集中思维方式,总论点指向新闻事实,分论点和理论论据都要为总论点服务,并呈现出鲜明的指向性。

观点与事实之间最重要的关系是论证关系。由于观点层级的不同,因而各个观点在文章中的地位是不一样的。一般情况下,我们把评论中的观点分成总论点、分论点和理论论据。总论点是根据新闻事实,由作者直接提出的论点,这个论点可能是作者基于新闻事实提出的自己的态度和观点,也可能是以新闻事实为由头,并根据作者掌握的该类相关事实的积累和联系形成的论点。总论点在文中只会被论证而不需要论证别的观点。由此可知,总论点由新闻事实而生,而且必须受制于既定的新闻事实,并必须被其他的事实和观点论证。

基于新闻事实或新闻由头提出总论点以后,作者既要考虑它要通过哪些步骤或者方面进行论证,又要在论证过程中提出自己的分论点。可以看出,分论点是基于论证总论点的需要提出的,一些分论点也是需要论证的。这些分论点和论证它的事实性要素之间是被论证和论证的关系。即作者要通过说理或者举出实例来论证分论点的合理性,进而论证总论点的合理性。

---

① 马少华.新闻评论写作教学——开放的评论课堂[M].北京:高等教育出版社,2015:52.

**游学的精髓就在知行合一**

据媒体报道，刚刚过去的这个暑假，在“研学旅行”计划的推动下，中国传统游学模式逐渐回归，一些教育机构如山西的三益书院和北辰学堂都推出了相关的游学形式，参与者数以千计。

何谓“游学”？传统上，游学指人们游历四方、寻师求学、传播思想的文化活动。人有恒言曰：“百闻不如一见。”“读万卷书不如行万里路。”游学之益在于体验，人世间有些知识、有些情感、有些体会，非亲历其境不能得其益，游学的必要性就在于此。

游学传统由来已久，早在《史记·春申君列传》中，就有“游学博闻”之语。孔子周游列国，历时十余年，行程数千里，历经艰难险阻，他一边宣传自己的政治主张，一边带领弟子读书、体验山水、感悟人生，并将一路的所闻、所见、所感记录下来。孔子死后，其弟子及其再传弟子把孔子及其弟子的语录进行整理，编成《论语》，传诵至今。司马迁从20岁起就漫游祖国各地，到处寻访古迹，采集传说，行迹所至，殆遍宇内。壮阔的游记，不仅开阔了他的眼界，增长了他的阅历，而且壮丽山水中的灵气，也赋予了他“疏荡颇有奇气”的文风，为他写下“史家之绝唱，无韵之《离骚》”的《史记》打下了坚实基础。一直到明代的徐霞客、清初的顾炎武，这种传统代代相传，成就了中国古人知行合一的优良士风。

不仅在中国，游学也是世界各国、各民族文明中最为传统的一种教育形式。13世纪，来自意大利的马可·波罗沿丝绸之路来到东方，并在中国游学17年，其口述的《马可·波罗游记》不仅激起了欧洲人对东方的向往，奠定了新航路的开辟，同时也是研究我国元朝地理和历史的重要典籍。18世纪，英国上层社会也兴起了一股赴欧洲大陆游学的热潮，这在加强英国与欧洲大陆联系的同时，也促进了英国自身的经济和文化的发展。今天的日本，游学早已成为教育文化的一部分，国家大力支持中小学学生游学，并和地方财政共同承担其费用。

随着时代的进步和教育的发展，教育形式越来越多样化。曾经，游学这种教育形式因费时、费力、费钱等缺点，加之社会各方担心学生在游学过程中会受到意外伤害，一度有被搁置的趋势。2016年年末，我国的教育部、中国国家旅游局等11个部门联合发布了《关于推进中小学生研学旅行的意见》，明确把“研学旅行”纳入中小学教育教学计划，该计划的发布和实行使游学获得了制度保障。

从目前来看，游学传统的回归弥补了学校教育的很多不足，令学生扩大了见闻、磨炼了意志、陶冶了情操，值得大力推广。但目前也有些游学掺杂了一些别的因素，比如有些融入了过多的商业因素，游学逐渐变成商人赚钱的一种手段；有些掺入了过多道德规训的内容，偏离了青少年教育以生发和活跃为主的特点。对于这些问题，摆正心态是关键。学校和相关教育机构要意识到游学是为学生提供知识学习的有效途径，是锻炼学生意志和提升其境界的绝佳方法，尤其是那些在自然界中的游学，可以使学生在天地人的交融之中陶冶人格境界，感受天地的大气象，这也是对城市生活和现代性思维的必要补充。而实现这些目的的途径，除了常规的学习之外，更多的应该是让学生亲身体认、感悟、反思，做到知行合一。

游学教育作为教育活动的一种形式已有2,000多年的历史，其精髓贵在知行合一，诚如青年毛泽东所言："闭门求学，其学无用。欲从天下国家万事万物而学之，则汗漫九垓，遍游四宇尚已。"①

在上面这篇评论中，第一段是引述新闻事件，这个新闻事件是本文观点的来源，也就是说，本评论的中心观点是由第一段的新闻事实生发出来的。这个观点可能是对该新闻事件的直接评论，也可能是从某一个角度对此新闻事件的评论。从全文来看，《游学精髓就在知行合一》的关注点在于中国传统的游学模式的精髓是什么，而不是一些教育机构推出的游学模式做得好坏与否，所以这段事实只是引发本文中心论点的一个由头。第二段提出文章的中心论点："游学之益在于体验，人世间有些知识、有些情感、有些体会，非亲历其境不能得其益，游学的必要性就在于此。"这个观点是在第一段陈述的事实基础上提出来的，这是一个需要论证的观点，后面的观点和事实都是对这个观点的论证和支持，且必须围绕这个观点进行论证，而这个观点则不需要去论证别的观点。但是这并不能说明这个观点可以随意提出，它必须基于前面的新闻事实生发出来。

本评论从第三段开始讲了几个分论点，第一，游学传统在中国由来已久；第二，游学是世界各国、各民族文明中最为传统的教育形式；第三，游学传统的回归弥补了学校教育的很多不足。这三个分论点都是围绕着中心论点提出的，它们共同论证和支持中心论点，与中心论点形成论证与被论证的关系。每一个分论点下都有一定的事实作为支撑或例证。比如，在第一个分论点"游学传统在中国由来已久"下面，就有《史记》中"游学博闻"之语的记载，孔子周游列国集成《论语》的事例，司马迁漫游祖国各地，采写

① 翟力.游学精髓就在知行合一[N].光明日报，2017-09-04.

史料,集成《史记》,以及明代徐霞客、清代顾炎武等人的事迹,共同论证了"中国自古就有游学的传统,而且游学成就了知行合一的优良士风"这一分论点,事实与观点是明显的论证与被论证关系。下面两个分论点与其附属的事实之间也是这种关系。这种论证关系也是新闻评论中观点与事实之间的基本关系。

## 第二节　新闻评论的立意及其要求

### 一、新闻评论的论点

所谓论点,就是作者对事物所持的基本观点或看法,属于前面讲到的意见性信息。一篇新闻评论对事物总的看法或观点是文章的总论点,总论点一般需要别的事实性材料和意见性信息的支持,一篇文章只能有一个总论点。总论点的从属论点,或者是支持总论点的那些意见性信息,一般是文章的分论点。分论点既要支持总论点,又受到其他事实性材料和意见性信息的论证与支持。

**中国的北极政策正大光明,不容抹黑**

中国政府近日发表了首份北极政策文件——《中国的北极政策》白皮书,受到国际社会广泛关注,其中更多的是赞同和认可,但也有一些质疑的声音,更有甚者指责中国在"南海的今天可能就是北冰洋的明天",这种论调纯属无稽之谈。

第一,北极问题已超出北极国家间问题和区域问题的范畴,涉及北极域外国家的利益和国际社会的整体利益,攸关人类生存与发展的共同命运。作为一个负责任的大国,中国旨在维护各国和国际社会在北极的共同利益,推动北极的可持续发展,促进北极的经济社会发展和改善当地居民的生活条件,实现共同发展。中国参与北极事务更多的是付出和责任,并未考虑更多的自身利益。

第二,《中国的北极政策》白皮书有充分的理论依据。包括中国在内的北极域外国家虽然在北极不享有领土主权,但依据《联合国海洋法公约》等国际条约和一般国际法在北冰洋公海等海域享有科研、航行、飞越、捕鱼、铺设海底电缆和管道等权利,在国际海底区域享有资源勘探和开发等权利。此外,依据中国1925年加入的《斯匹次卑尔根群岛条约》，中国有权自由进出北极特定区域，并依法在该特定区域内平等享有开展科研以及从事生产和商业活动的权利，包括狩猎、捕鱼、采矿等。

第三，中国有能力参与北极开发建设和北极治理。1996年，中国成为国际北极科学委员会成员国，从此，中国的北极科研活动日趋活跃，截至目前，已成功进行了多次北极科学考察。2013年，中国成为北极理事会正式观察员。近年来，中国企业开始积极探索北极航道的商业利用，中国的北极活动已由单纯的科学研究拓展至北极事务的诸多方面。目前，中国在经济基础和技术储备以及国际合作方面都有能力积极参与北极事务，造福人类。

第四，《中国的北极政策》白皮书同时也表达了中国对参与北极事务是有章法的。中国本着"尊重、合作、共赢、可持续"的基本原则参与北极事务，致力于北极的永续发展，实现北极人与自然的和谐共存，实现生态环境保护与经济社会发展的有机协调，实现开发利用与管理保护的平衡兼顾，实现当代人利益与后代人利益的代际公平。

第五，中国参与北极事务是有节制的，并不主张无限权利，不涉及任何主权和敏感权益问题，充分表现出中国的北极政策是极尽克制的。

但即使是这样，国外依然有故意曲解的声音，提出了所谓的北极南海化，南海问题与北极问题完全是风马牛不相及的两类问题。南海问题是中国的国内问题，北极问题是国际法框架下的区域问题。根据中国国内法以及包括《联合国海洋法公约》在内的国际法，中国在南海拥有领土主权和海洋权益。而在目前现存的国际法框架下，北极区域分为权属明确的周边国家领土和领海以及相关海洋权益，但是也存在大片根据国际法世界各国都可以共有共享的公海和大洋底土权益。中国前往北极的公海区域进行开发活动，毫无疑问是在相关国际法框架下进行的正当活动。

那些有意渲染中国对北极另有所图、咄咄逼人的人，其目的无非是为混淆视听，分化各北极利益攸关国家共同建设开发北极并使其符合全人类利益的努力，我们理应对此保持警惕。①

① 李振福.中国的北极政策正大光明，不容抹黑[N].环球时报，2018-01-30.

在《环球时报》的这篇评论中,文章的中心论点是:对中国北极政策的指摘是无稽之谈,其目的是为混淆视听,分化各北极利益攸关国家共同建设开发北极并使其符合全人类利益的努力,我们理应对此保持警惕。

在论证总论点的过程中,作者用了六个段落,阐述了五个方面的问题,这五个方面的意见就是文章的五个分论点,进而论证了西方的指摘是无稽之谈这个中心论点。第一,北极问题已超出北极国家间问题和区域问题的范畴,涉及北极域外国家的利益和国际社会的整体利益,攸关人类生存与发展的共同命运。第二,《中国的北极政策》白皮书有充分的理论依据。第三,中国有能力参与北极开发建设和北极治理。第四,《中国的北极政策》白皮书同时也表达了中国对参与北极事务是有章法的。第五,中国参与北极事务是有节制的,并不主张无限权利,不涉及任何主权和敏感权益问题,充分表现出中国的北极政策是极尽克制的。

一般来说,新闻评论的观点必须鲜明、新颖、正确,它统帅着文章的结构和论证过程,决定着文章的传播力和影响力。所谓观点鲜明,就是论点必须开门见山、开诚布公,不宜让读者自己去琢磨。所谓观点新颖,就是文章的观点理论必须言他人所未言,把别人想到了但是没说好的道理讲好,在理论的角度、视野、前瞻性等方面做到与众不同。所谓观点正确,就是观点要符合科学规律,符合人们的认识规律和社会发展规律,要有充分的理论和事实依据,为人们所信服。

## 二、新闻评论的立意

新闻评论的立意过程,就是作者针对评论对象提出意见和看法,确定评论的中心论点的过程。

新闻评论的观点总是基于一定的新闻事实产生的,但是评论对象确定以后,对该评论对象的观点并不是随意的。在新闻报道中,新闻总会包含六个基本要素,即“5W＋H”。这六个要素在新闻报道中的地位是不一样的,这也就决定了它们在新闻报道中是被简略处理还是被详细挖掘。同样,在新闻评论中,这六个要素在不同的时空中,会与社会空间中不同的对象相联系,进而产生不同的意义,这就决定了社会对同样的新闻事实会有不同的评论角度,进而提出的观点也就可能不尽相同,这也为作者写作新闻评论提供了广阔的空间。

比如,2014 年,安徽省安庆市推出殡葬改革政策,政策规定,从当年 6 月 1 日起,全市城乡居民死亡后须按照规定火化。为了推行殡葬改革政策顺利施行,政府计划强行收缴老人们的棺木,造成一些老人在 6 月 1 日最后期限到来之前自杀。

从新闻的基本要素来讲,这则新闻中涉及的六个要素包括:安庆市政府(谁,who)、6 月 1 日起(什么时间,when)、全市范围内(什么地方,where)、推行殡葬改革(做了什么,what)、节约土地(原因,why)、强制推行,引起老人非正常死亡(怎么样,how)。

上述六要素中,时间和地点并不是引起大家评论的主要因素,政府及其施政行为和措施、老人的自杀行为才是引起大家评论的主要因素,因而这些新闻要素无论是在新闻报道还是在新闻评论中,都受到格外的关注。

对于当事主体安庆市政府来说,它有什么样的权利和义务?应该怎样做?对其有没有相应的法律和道德约束?政府强制推行火葬政策是否正确?强行收缴农民的棺木是否合适?

对于事情本身来说,推行殡葬改革做得是否合乎时代要求?是否合乎社会的要求?土葬和火葬是否是愚昧和文明的分界线?

对于被执行主体来讲,一些老人的丧葬观念是否正确?土葬荫及子孙后代的思想是否正确?对老人自杀的行为,我们应该怎样看待?

回答上述疑问既要看到基本的新闻事实,还要看到法律法规和伦理道德对相关主体的约束与规范。从发展趋势来讲,推行火葬是社会发展的基本趋势。然而,把土葬和火葬看成是愚昧和文明的分界线也是不正确的,因为这没有统一的标准,但是为了节约耕地则是符合可持续发展的理念的。因此,政府推行上述殡葬改革措施有其合理性,但是强制推行政策,收缴农民棺木则涉嫌滥用职权。农民认为土葬的风水可以荫及子孙以及火葬让灵魂无处皈依的观念是一种封建迷信的思想,也正是这种迷信思想促使他们选择自杀,抵制丧葬改革,这明显是不对的。但是,相对于尊重生命的基本理念,政府这个主体的不恰当的施政行为才是最应该受到批评的。

除了从新闻的基本要素来认识新闻评论的立意以外,新闻事实的构成也是人们确定新闻评论观点的重要依据。新闻事实是由多个侧面构成的,每一个侧面与不同的作者产生联系,就会产生不同的意义,这也造成不同的作者对同一事物的认识有所差异。实际上,这种差异不仅与认识主体有关,也与事物本身密切相关。正是事物本身固有的属性与受众的某些利益和理念产生了联系,才让受众对新闻事实产生了不同的认识。当然,这些认识有的是正确的,有的是错误的。记者只有充分预测受众对新闻事实可能产生的倾向性,才能使自己的立意有的放矢。

新闻事实的发生和发展都是在一定的时空中进行的,受到时空条件的影响,同一事实在不同的环境中对同一个人也会有不同的意义，这就是评论立意的条件性。新闻评论的观点固然要满足追求新颖，出奇制胜的要求，但是，不考虑客观的时空和社会条件的新奇观点，恐怕会剑走偏锋，影响新闻评论的传播价值。

从中心思想的形成过程来看，首先是作者接触到的新闻材料或者新闻现象触发了作者的思考，形成了作者对事物的第一印象。然后，作者在第一印象的基础上，思考了新闻事件可能生发的观点和角度，这些观点和角度不一定都正确，在传播价值上也不尽相同。此外，作者还要搜集资料，通过对比、鉴别，思考各种角度和观点的传播价值，对原来的初步认识进行去粗取精、去伪存真、提取凝练，把感性认识提高到理性认识，最后才形成文章的中心思想。

## 三、新闻评论立意的基本要求

一般来讲，新闻评论的立意应该满足以下条件：

### （一）立意必须正确

所谓立意正确，指新闻评论的立意应该符合基本的科学规律。这里的科学规律既包括自然科学规律，也包括社会科学规律。一般情况下，人们对自然科学规律的认识比较一致，基本不会产生很大的分歧。虽然科学在不断发展进步，但人们在一个特定的时期内对其仍会有比较一致的认识。而社会发展的规律则相对“隐蔽”，它起作用的形式和范围会随着时间与空间的条件变化而发生变化。有些规律是贯穿人类社会发展的整个过程的，比如生产力与生产关系的矛盾运动规律、上层建筑要适应经济基础的基本规律、商品价值规律等；而有些规律则在人类社会的某一时期、某一空间里才会起作用，比如阶级斗争规律、经济危机的周期性规律等。人们对社会规律的认识容易受到客观条件和价值观念的影响，因而不尽相同，有些差异可能无所谓谁对谁错，是见仁见智的问题；而有些差异则有对错之分。新闻评论的立意不能违反这些规律发生作用的条件，在条件具备的时候，不能无视这些规律的存在。在社会科学规律方面，正确的立意就是要使新闻评论的观点符合这些社会发展规律。我国是以马克思主义为指导思想的社会主义国家。马克思主义是被实践证明的真理，是指导我国哲学和社会科学发展的重要理论基础。新闻评论也必须从我国的国情出发，切合中国实际，符合马克思主义的基本原则，任何违反马克思主义基本原则的立论都是错误的，也会误导社会舆论。

另外，新闻评论的立意还要符合人们的认识规律。人们的认识有一个从现象到本质、从个别到一般、由表及里、由此及彼的发展过程。新闻评论就是要引导人们透过现象认识事物的本质,通过个别事物认识一般规律,揭示人们还没有认识的事实和规律。

再者,新闻评论是以传播为主要目的的新闻类作品。作为意见性信息,新闻评论应该引导人们认识事物,增加人们对评论对象的认识程度,减少不确定性。对于受众来说,人们对事物的认识水平参差不齐,新闻评论就是要引导人们认识社会传播中违反新闻传播规律的现象,规范新闻传播活动。因此,在新闻立意过程中,新闻价值规律是不可回避的新闻传播规律。按新闻规律办事应该是新闻传播活动共同遵守的规则。

### (二)立意必须新颖

新闻评论的价值就在于增加新闻传播的附加值,这个附加值就是你认识到了但别人没有认识到的东西,是在新闻传播过程中对新闻事实的再认识。新闻评论的立意要在新闻事实传播的基础上深刻分析事物的本质、影响和发展趋势,如果受众已经认识到这些东西,新闻评论就失去了传播的价值。立意新颖可能是你提出了全新的观点,也可能是你发现了不一样的观察角度,或者是你发现了对事物的性质、趋势有重要影响的新材料,从而对新闻事实重新定性。这些都增加了新闻事实的附加值,也都是新闻评论赖以吸引受众的因素。

2017 年 7 月 26 日,一则署名为“南航西安分公司党群工作部”,标题为《“只要前 11 排座位的旅客”——为政府执行要务护航》的文章现身网络。文章称,南航公司为西安政府政务团 66 名成员出行提供服务时,被要求将全部成员安排在前 11 排的座位,且保证同普通旅客进行一定程度的隔离。南航公司为该团争取到了 8 月 6 日西安至成都的 CZ6433 航班前 11 排的 66 个座位,长航段销售的旅客被集中安排在 12 排以后。随后,西安市委和南方航空公司都对此事件做出了回应。这篇稿件本来是南方航空公司的内部宣传稿件,但是,文章被网友扒出以后,在网上引起轩然大波,涉事的政府单位、公务人员和南方航空公司都成为被网民指摘的对象。很多媒体都对该事件做出了评论,但是评论角度各不相同,显示出各个媒体在评论立意方面的新颖性。下面是一些媒体对该事件的评论:

《人民政协报》：南航事件——一点火星引发舆论场爆燃非偶然；

中青在线：舆情无感的傻白甜宣传员就是一枚定时炸弹；

华龙网：南航自辩无法自圆其说 不能只听它自言自语；

新浪网：表扬稿变举报信 南航简直是猪一样的队友；

《环球时报》：时代没兴趣听倒霉官员倾诉。

可见，不同的媒体从不同的角度对该新闻事件的本质及其影响做了分析，观点各不相同，在整个舆论场中完善和深化了人们对新闻事件的认识。从上述评论可以看出，新闻事实总是多个事项的组合，每一个事项都表现出与其他事项相互联系又相对独立的意义。“事实的不同角度正是不同事项的表露，突出其中一项，就抓住了事实的一个角度，显露出一种意义。”[①]新闻评论立意的新颖性就是评论作者能够抓住其他人不易觉察的事项，或者发现其他人不易发现的联系进行立意，使新闻评论的观点与众不同。

（三）立意必须深刻

所谓深刻，就是要揭示事物的表象与本质之间的关系、揭示事物发展变化的规律。事物的本质和规律是隐藏在纷繁复杂的表象之下的，遵守规律必须以发现事物的本质和规律为前提。有些规律已经成为大家的共识，在新闻评论中再被作为论点提出来，就缺少了新颖性，也谈不上深刻。有些规律别人没有认识到，你认识到了，那你就是深刻揭示了事物的本质和规律，增加了评论的附加值。有些规律别人认识到了，但是还不够深刻，你更加深刻地揭示了新闻事件或新闻现象背后的本质和规律，那么，你的立意无疑也是深刻的，对别人认识事物有指导作用。

**取消漫游费，更有新期待**

最近，三大运营商集体表态，将从今年9月1日起取消国内漫游费。不敢随便通话、储备多张手机卡，将很快成为过去式。

取消长途漫游费，不是心血来潮的率性而为，而是提速降费背景下的必然选择，也是运营商自我革新的契机。在微信、微博、QQ的冲击之下，通信收入结构发生了质变，想“坐着数钱”的结果是只能“躺着安眠”。然而我们也要看到，淘汰“漫

① 刘建明.当代新闻学原理[M].北京：清华大学出版社，2003：77.

游费”这样的2G时代产物尽管是大势所趋，过程却并非一帆风顺，这也说明改革克服利益阻碍可以砥砺前行、释放红利。时至今日，当“长途、短信额度用不完，网络流量根本不够用”成为不少人的焦虑时，取消漫游费只是达成了“互联网+”时代的一个小目标。

很多时候，人们与其说是在苛责资费水准，倒不如说是在期待同资费相对称的服务水平。提速降费的最终目标，也不应当只是便宜。从国际电联发布的报告来看，经过数次降费，我国通信资费已经处于国际较低水平。改进参差不齐的客服水平、淘汰巧立名目的捆绑销售、挤压费用模糊的灰色空间，电信领域无疑还有很多改革值得期待。①

面对即将取消移动通信漫游费的政策，评论指出，取消漫游费不仅是提速降费的要求，也是运营商提高服务质量、改善收入结构的重要契机，电信领域在取消漫游费以后，可以改革的地方还很多。如此立意既指出了广大用户的迫切要求，也指出了面对市场竞争，运营商应该未雨绸缪、自我改革这一事实，值得各方深思。

新闻立意是否深刻，一方面取决于作者对事物本身的了解程度，另一方面也取决于作者对受众的期待和对其他作者可能提出的观点的提前预判，这也间接反映了新闻规律和社会规律在影响新闻立意方面的深刻性。

为了达到立意深刻的要求，作者应该对新闻事实本身，以及曾经发生过的类似的新闻事实和历史材料有一个全面的了解，这是新闻评论作者在动笔之前必须要做的案头工作。

另外，有些新闻事实，非身临其境不知其影响和意义，这也是影响评论立意深刻性的重要因素。为了让新闻评论更有深度、更有温度，很多媒体动员新闻记者撰写评论；还有媒体尝试设立评论记者岗位，培养既能采访又能写评论的记者，使新闻评论可以设身处地地立论。这些做法既能利用采访到的第一手材料增加评论的附加值，也能够让新闻的立意更接地气、更深刻、更能打动读者。

### （四）立意必须全面

新闻事实的事项是客观的，由此产生的角度也是客观的。一个新闻事件要通过不

---

① 雷雨.取消漫游费，更有新期待[N].人民日报，2017-08-03.

同的角度把事物的本质表现出来，进而决定事物的本质或者新闻事件的性质。但是，新闻事实是由多个事项构成的，这些事项可以分为事端项、事体项、事因项以及事终项，其中事体项和事因项一般会由多个事项构成。构成新闻事实的事项有主要事项，也有非主要事项，甚至有没有意义的事项。所以，新闻评论在立意过程中要尽量选择新闻事实的主要事项和主要角度，因为，主要角度能够涵盖新闻事实的基本意义，次要角度和次要事项只能反映新闻事实的某一个特征，而不能揭示事物的本质，也不能涵盖事物的基本意义，甚至使新闻评论的观点偏离事物本质，误导社会舆论。因此，在新闻评论的立意过程中，应该综合考量评价新闻事实的各种角度哪些是主要的、哪些是次要的，并在综合考量的基础上，尽量选择能够全面揭示事物本质和意义、预测事物发展趋势的论点。

**思考与练习**

1.什么是新闻评论的立意？立意和论点有什么区别？

2.阅读下面的新闻评论，想一想，文中哪些是观点？哪些是叙事？文章的中心论点是什么？

**中国裁军30万没期待外部感动落泪①**

习近平主席3日宣布中国裁军30万，这个消息处在世界舆论的预期之外。它与大阅兵上展示的中国最新导弹同时受到密集关注，对它的解读应当说正在发酵中。

西方一些媒体的最初反应是有些意外，同时认为中国裁军“可能不足以安抚邻国”等。那些西媒认为中国的裁减将主要针对陆军，这反而会促进中国的军事现代化，给外部世界“带来恐惧”。

西方舆论至少注意到中国有“安抚邻国”的意愿，承认裁军是中国的一个“和平姿态”。至于中国裁军不是为了削弱军事现代化，中国军事科技的进一步推进不可避免，外界的这个判断应当说也没错。

中国国防工业能够独立生产更先进的战略性武器系统，这是世界上一部分国家不希望看到的，它们会面临竞争等压力，这也很正常。要让西方媒体

① 环球时报.中国裁军30万没期待外部感动落泪[EB/OL].(2015-09-06)[2017-10-04].http://mil.huanqiu.com/observation/2015-09/7421305.html.

为中国的最新军事装备像我们一样鼓掌，那不合人情。它们会说一些酸溜溜的话，通过貌似“客观”的评论抖落内心深处的失落，中国人应当予以谅解。

然而理还是要讲的。要说中国军事现代化是世界和平的“坏消息”，这就把严肃的事搞八卦了，没有逻辑支持，完全是出于具体利益和立场所做的价值判断。即使西方媒体喇叭的音量很大，经常能冒充“世界舆论”，也改变不了上述性质。

中国阅兵的目的是综合的，这种综合性绝大多数中国人都能感受到。如果中国就是为了“吓唬”外部世界，则没必要这个时候提出裁军30万，自降所谓“秀肌肉”的效果。如果裁军是中国想通过这次阅兵向世界传达的唯一信息，那么导弹也没必要摆出来了。中国是维护世界和平的一支强大力量，这是我们想告诉国际社会的。它肯定不会不受损失、完整地被各方理解，这是不同力量之间互信的困境。

在我们看来，中国裁军30万作为一个强有力的信息，已经触动了世界。外界虽有疑虑，但裁军就是裁军，它在一定程度上反映了中国政府对战争与和平的理解和态度，展示了这个国家的一种善意。对中国再反感的力量，对这个信息的实际接受度也不是零。

中国作为大国和一支逐渐具备了全球影响力的战略力量，我们对世界和平的贡献可不是通过做“老好人”就能实现的。如果我们光裁军，和善得像个泥菩萨，中国经济规模已经世界第二了，利益触角遍及全球，但谁都可以踹中国屁股一脚，中国回过头就作揖，求各方“有话好好说”，这样的世界秩序好吗？会长久和平吗？

大国既要谦逊，尊重小国弱国，同时也必须不怒自威。形成这种微妙的关系对和平与稳定很重要。

西方舆论对中国和平崛起的理解似乎是，中国只能是个膨胀起来的大发面团。如果有谁想咬这个大发面团一口，绝不会咬着刺或者骨头。非常遗憾，这完全不符合和平国家的基本概念。

中国或许需要通过一个漫长的过程与西方，尤其是与美国磨合。中国在军事上逐渐强大起来将改变全球力量格局，这对西方的心理冲击注定会很深刻。中国有必要在要求西方人适应和照顾他们的感受之间把握平衡，让这个有决定意义的过渡尽可能平稳。

这次大阅兵把裁军和展示现代装备，以及通过重温世界反法西斯的血盟经历寻求国际团结一揽子推出，总体正面效果将随着时间推移不断释放。世界正在形成对中国新的认识，西方舆论的即时表述虽然说了一些担心的东西，但能看得出，它们对中国的了解在朝着那个“真实的中国”慢慢接近。

中西建立互信绝不会是自己讲句话，就能让对方感动落泪的简单过程，它会特别而艰难，中西对此都需有充分的思想准备。

3.阅读下面的材料，想一想，对待“国学热”，你是什么样的态度和立场？你为什么持这样的观点？

近些年来，社会上兴起了“国学热”。一些高校也纷纷成立有关国学、传统文化、儒释道思想的研究机构，出版的学术著作及研究文章不计其数，每年都要召开各种形式和规模的国内国际学术研讨会。在欧美、东亚、东南亚等国家和地区，也有相当规模的研究机构和学术队伍。媒体方面，有阎崇年先生在《百家讲坛》讲清帝、刘心武讲红楼、易中天讲三国、王立群讲史记，等等，这些学人雅俗共赏的讲座，重新唤起了社会大众了解传统历史和文化的热情。除了电视台外，还有纸质媒体、网络媒体的积极参与和推动。譬如《光明日报》专门开设了“国学版”，中文搜索引擎百度开设了“国学频道”，新浪网高调推出千元国学博客圈，等等。《国家“十一五”文化发展规划纲要》也明确提出：在中学语文课程中适当增加传统经典范文、诗词的比重，中小学各学科课程都要结合学科特点融入中华优秀传统文化内容。高等学校要创造条件，面向全体大学生开设中国语文课。

4.阅读下面的材料和观点，体会评论立意的多样性，自己总结一下，立意与哪些因素有关？你有没有与作者不同的角度？

据《科技日报》报道，最近，微博网友“廖师傅廖师傅”自述了被大数据“杀熟”的经历。据了解，他经常通过某旅行服务网站订某个特定酒店的房间，长年价格在380元到400元左右。偶然一次，他通过前台了解到，淡季的价格在300元上下。他用朋友的账号查询后发现，果然是300元，但用自己的账号去查，还是380元。

上述微博发出后，瞬间转发破万，网友们纷纷吐槽各自“被宰”经历。“我和同学打车，我们的路线和车型差不多，我要比他们贵五六块。”“选好机票后取消，再选那个机票，价格立马上涨，甚至翻倍。”“我的消费比较高，我老公消费比较低，开通不限流量服务的时候，他只要开通 88 元的套餐就可以，我必须得开通 138 元的套餐。”……

下面是网友的评论：

网民“储旭东”：很难想象，这个词居然能与人人向往、人人羡慕、人人关注的大数据联系到一起。而据《科技日报》反映，网络公司这类“杀熟”现象竟然十分普遍。

网民“黄齐超”：公平的消费环境，有利于促进网络交易的健康发展，有利于保护消费者的权益。因此，网络电商利用大数据“杀熟”，我们不应麻木地去宽容。

网民“毛建国”：大数据“杀熟”虽是新表现，但“杀熟”本身却是老问题。事实上，大数据“杀熟”与传统经济中的“杀熟”并无本质区别，都体现了一种滞后的商业文明。

网民“刘婷婷”：健康有序的市场经济，既需要商业伦理，更离不开法律规范。大数据时代，立法、司法、执法也应跑步跟进，有力地遏制“杀熟”乱象。

# 第四章　新闻评论中的判断

论点是新闻评论的灵魂与核心,新闻评论立意的过程就是作者对新闻事实或新闻现象做出判断的过程。所谓的判断就是对思维对象是否存在、是否具有某种属性以及事物之间是否具有某种关系的肯定或否定。在新闻评论中常见的判断一般包括对真与假的判断、是与非的判断、利与害的判断以及善与恶的判断,这些判断根据标准不同,又大致可以分为事实判断和价值判断,或者具体判断和普遍判断。

## 第一节　新闻评论中的事实判断

报道事实并不是新闻评论的任务。一般来讲,事实性信息主要是通过新闻报道来传播的,新闻评论传播的是意见性信息。人们阅读新闻报道时,主要看发生了什么事情、带来了什么结果、由什么原因引起等。而阅读新闻评论时,人们主要关注的是作者持什么样的观点,有关主体的行为对还是错、善还是恶、应该受到赞扬还是谴责、事件可能带来哪些影响等。所以,新闻评论并不集中关注事件的真假,即事实判断。但是,对事件真假的判断却是新闻评论立意的基础,因为,新闻评论是针对新闻事实所做的真假和价值的判断,如果报道的新闻事实不准确、不完整、不客观,就会影响人们对新闻事实的价值判断,也就是说,事实判断是价值判断的基础,如果事实虚假,在虚假事实的基础上所做的判断也是站不住脚的。

2012 年 5 月,北京警方查处了一处河南地方政府设在北京的截访点,抓获 10 名截访人员。据首都某报纸 2012 年 12 月 2 日报道,北京朝阳法院判决河南长葛市 10 名截访人员非法拘禁罪成立,10 名截访人员以非法拘禁罪被判刑,主犯被判 1 年半有期徒刑,其余 9 人则分别被判处几个月不等的有期徒刑。

新闻刊发之后,引发了很多评论。有关评论的标题有《禁止"截访"更应立法》《北京截访者被判刑能否根治"黑监狱"?》《中国必须严厉打击非法"截访"之恶行》《北京给截访人员判监有重大警示意义》等。但是，随后，北京市朝阳区人民法院在接受人民网记者采访时声明，该案件尚未宣判，有关媒体报道不实。相关新闻评论也很快被各媒体撤稿。据悉，该报道的记者是通过非正常渠道获得截访人员受到审判的消息的，但是，法庭并没有当庭宣判。记者想当然地抢发新闻，才造成了“新闻失实”。

但是，针对截访的舆情并没有熄灭，网上针对这个问题的评论依旧很多。

《东方早报》：“截访人员首次被判刑”得以疯狂传播实则蕴含了公众期待。

《中国青年报》：在这个新闻乌龙的背后是无法消弭的民意焦虑，人们希望它能成为事实，害怕曾经的非法截访阴魂不散。若真能以判刑外地截访人员为起点，保障民众权利的基本公平，必令民心大快，但是否成行，尚须拭目以待。

《环球时报》：舆论普遍把对上访人员的无条件支持当成“政治正确性”的箭头，因此截访者们长期成为众矢之的，昨天的假消息引起一片欢呼就是这个原因。

虽然无论是被证实是虚假报道之前，还是被证实是虚假报道之后，这些评论都是对非法截访舆情的回应，但是上述媒体的评论对象已经悄然发生了改变。后面几篇评论的评论对象已经变成了“有关截访的虚假报道”，而不是所谓的“截访人员被判刑”这一虚假事实。

所以，新闻报道要“用事实说话”，新闻评论不但要“用事实说话”，更要“依据事实说话”，否则就会变成自说自话。

除了新闻评论必须依据新闻事实提炼观点之外，当事件的真相被淹没，人们无从获知事件真相的时候，对事件真假的判断也具有评论的价值。尤其是在新媒体传播的过程中，由于新闻传播的“自媒体化”，新闻把关被放松，新闻报道不断出现“反转”，这也使具有“新闻性”的评论观点不断跟着反转，从而削弱了新闻评论指导人们认识新闻事件的传播价值。因此，有些对事实真假判断的评论仍具有传播价值。

2017 年 8 月 31 日，陕西榆林市第一医院绥德院区一名产妇在待产时从医院五楼坠亡。事后，医院与家属就产妇死因各执一词。坠亡产妇的家属称产妇坠亡前曾两次走出病房要求医生为其进行剖宫产，在家属同意的情况下遭到院方拒绝。涉事院方则表示，当时拒绝进行剖宫产的不是医生，而是产妇家属。随后，产妇家属遭到舆论指责。这些网络评论都是基于新闻报道中涉事医院提供的信息做出的判断。因为事实真相被埋没，相关评论就是偏颇的。所以，很多媒体指出，这类事件不能仅凭现有的信息做出价值判断。比如《新京报》网站的评论就指出：“产妇跳楼”事件：因果不明，先别急着站队。

**"产妇跳楼"事件：手术前必须要家属签名吗(节选)**

就这次事件来说，很多法律事实、医疗事件有待严肃查明：到底是医院还是家属不同意剖宫手术？若家属不同意剖宫手术，是否构成延误治疗？在家属不签字的情况下，医生是否应该按医疗规范，认定属于"紧急治疗"行为，从而实施手术？产妇的跳楼死亡，与家属不签字、医院没有实施剖宫手术之间，有没有因果关系？

这一切没有查明之前，不要急着站队……①

评论强调，到目前为止，事实真相并不清楚，评论者或记者无论是支持哪一方都是不恰当的。这实际上在强调一个最基本的原则，新闻评论要在事实的基础上立意，在事实还不清楚的时候，则不能轻易做出价值判断。医院和家属两方，哪一方都有可能是悲剧的制造(引发)者，都有可能是责任方，以后的法律判断也必须在事实的基础上才能做出。在这种情况下，对新闻事实真假做出的判断仍具有新闻评论价值。

需要指出的是，文章提出的法律事实实际上是指法律对事实的确认，即法律判断，法律判断也是一种事实判断。法律判断不是基于某一价值标准做出的判断，而是基于具体的、可以印证的客观事实做出的判断，法律判断讲究的是"以事实为依据，以法律为准绳"，判断的结果也基本是根据已有的事实对未知事实的认定。比如《新京报》网站的上述评论中提出的几个疑问，既是新闻评论做出判断的基础，也是之后官方做出法律判断的基础，法律要追寻的是"是哪一方造成了这场悲剧"，进而根据有关法律条文，做出谁应当承担责任的判断。这里的法律判断依据的是客观事实，不是主观价值，判断结果不具有多维性。正如该评论前文所述，"产妇到底是因为什么跳楼的？这应该由警方和卫生部门调查。"这实际上体现了对事实判断的尊重和谨慎。

就榆林产妇坠亡事件，《新京报》网站刊发的评论有以下几篇：《"产妇跳楼"而亡，医院和家属谁在撒谎？》《"产妇跳楼"事件：因果不明，先别急着站队》《产妇跳楼事件："下跪"还是"下蹲"，责任完全不同》《五问"产妇跳楼"事件：榆林一院什么责任都没有吗？》。实际上，这些评论都是对事实的追问，是对现有"新闻事实"的质疑。这也体现出事实判断在新闻评论中的基础性价值。事件在调查后被证实，榆林市第一医院在该事件中监管不力，并编造了所谓的产妇家属为了生二胎而拒绝剖宫产的声明推卸责

① 沈彬."产妇跳楼"事件：手术前必须要家属签名吗[N].新京报，2017-09-06.

任。随后各媒体的新闻评论基本都是在这个调查基础上做出的价值判断。下面是《环球时报》公众号对上述事件的评论：

**榆林产妇坠楼事件中，这个黑幕绝不能轻易放过！（节选）**

可在情绪和立场现行的网络世界，榆林市第一医院却用一份如今已经被证明根本不属实的通报，把做出合理选择的家属彻底抹黑，令一家人被全国网民轮番辱骂，甚至连产妇丈夫的长相都成了情绪上头的网民们认为他不值得信任的理由……

说实话，被榆林市第一医院抹黑成“医闹”的这家人，并没有采取过“医闹”的行为：他们没有去医院放鞭炮、摆花圈，更没有去袭击医院人员。他们要的只是一个说法：为什么在“不让家属进”的产房，本该由医院看护的产妇却跳了楼？

可害怕事情闹大的医院官方却不去反思自己工作中的疏漏，反而在舆论场上“先声夺人”，把责任先扣在了家属身上，这和“医闹”又有什么区别呢？

更危险的是，医院的这种做法所激起的强烈的非理性情绪，一方面将不断侵蚀我们的社会中人与家庭的信任，另一方面也将导致很多并不了解妇产医学的女性和家庭为了躲避风险与责骂做出盲目的选择。

同时，医院的做法也在瓦解过去几年来医疗界和媒体界好不容易才通过一起起真正的医闹案件而构建起的社会对于医疗事故的理性认知。这也是为何许多网上医疗界的“大V”不仅从案件开始就没有为榆林市第一医院说话，更在如今医院被处罚后纷纷对这一结果表示认同的原因。

遗憾的是，不仅医院至今没有就这种行为公开道歉，相关的官方通报也只字未提这个问题，只是将院长和科主任停职，这是不够的。

当然，耿直哥知道有些早已认定“家属有罪”的网友仍会坚持说，“即便医院的通报有问题，产妇的死也与家属有关！”

这种说法的逻辑是：为啥别人家的产妇都没跳楼，只有这个产妇跳楼了？这一定是之前家里矛盾太深。

可至少从目前来看，任何媒体和官方的调查都没有找到可以证明产妇的家属——特别是遭到网民集中辱骂的丈夫和婆婆——有对产妇不好的证据，反倒是产妇的亲妈和亲姑姑已经多次证明他们彼此之间没有什么矛盾，夫妻感情很好。

最后，耿直哥想和大家说一件挺讽刺的事情：当医院和营销号用失实的信息误导网民，让很多人得出以后女孩生孩子必须亲妈在场的结论时，其实那名产妇的亲妈就在现场，而且她也是在跟医生沟通后，同意先顺产，如果有意外再进行剖宫产的。

可在立场和情绪的驱使下，之前还在感叹丈夫和婆婆不可靠，只有亲妈可靠的人们，在得知亲妈在现场的消息后，又立刻开始辱骂这位亲妈，毫无根据地就认定这位亲妈是"懦弱的、无知的"……①

可见，《环球时报》公众号的评论首先也是在确认事实真相，澄清事件的基本轮廓，在此基础上指出社会舆论的偏激和医院方面的错误，并在事实的基础上，分析了这个事件可能会对医疗纠纷产生的恶劣影响。事实判断始终是新闻评论中的基础性工作和基础环节。

曹林先生在其《时评写作十讲》中认为：一事当前，先问真假，再断是非，再说利害。这句话基本上涵盖了新闻评论中最普遍也是最重要的判断：先问真假做的是事实判断；"再断是非"和"再说利害"涉及价值判断中两种最重要的判断：是非判断和利害判断。② 所以，对所有的新闻评论来讲，事实判断不仅是必要的环节，也是最基本的、迈不过去的环节。

当然，事实判断只有在事实真相被掩盖，或者事实的基本轮廓还不清楚的情况下才有传播价值；在事实已经清楚的情况下，新闻评论的主要着力点还是要放在对新闻事实做出价值判断上。

## 第二节　新闻评论中的价值判断

### 一、价值判断及其标志

所谓价值，就是客体对主体的满足程度。人们通过事实与价值的不同地位把人类

① 《环球时报》微信公众号.榆林产妇坠楼事件中，这个黑幕绝不能轻易放过！[EB/OL].(2017-09-11)[2018-01-13].http://mp.weixin.qq.com/s/8ibtqc4K7knKTUEfbZicYg.文章内容因行文需要有所删节。

② 曹林.时评写作十讲[M].上海：复旦大学出版社，2011：94.

的知识分为自然科学与社会科学。自然科学一般表现为对事实的描述，与人的主观性关系不大；而社会科学研究往往与价值判断关系密切，即社会科学需要通过价值判断来理解和解释纷繁复杂的社会现象背后隐藏的“意义”，揭示其价值关系。新闻评论不仅属于社会科学，评论的整个过程和服务的对象也都是以人为中心的，因此新闻评论更离不开价值判断，而且，在大部分情况下，新闻评论的判断都属于价值判断。

2017 年 9 月 15 日，《海南日报》发表的一篇评论《别把“老人带娃”搞成道德绑架》，其结尾是这样的：

**别把“老人带娃”搞成道德绑架（节选）**

有多少老人对“带娃”有抵触情绪，我们不好准确统计，但越来越多的老人将“带娃”当成额外负担却是不争的事实。在我们热议“老人带娃”时，无形中将“带娃”定位成了天经地义的“老人职责”，而完全忽略了老人的想法，这显然不是良好的社会现象。从尊重老人意愿和爱护老年人的角度，应将是否带娃看作老年人的自由选择，而不是必须干的“固定工作”，尤其是社会舆论应避免将“老人带娃”当成老人的道德义务绑架老人。①

在这个评论的结论中，作者明确指出，忽略老人意愿的“老人带娃”不是社会的良好现象，把“老人带娃”当成老人的道德义务绑架老人，在道德上也是不可接受的。评论表明了作者做出这个判断的价值标准和原则，属于典型的价值判断。从使用的词汇上，我们可以看到“良好现象”“应将”“应避免”“道德义务”等价值判断属性的词汇，这也是价值判断的重要标志。

价值判断就是对新闻事实或新闻现象的价值做出判断，是指某一特定的客体对特定的主体有无价值、有什么价值、有多大价值以及正价值或者负价值的判断。如果说事实判断是对事物本然或实然状态的判断，即判断事实的本来面目或实际情况是什么样，那么，价值判断就是对事物应然或必然状态的判断，即判断我们希望事物是一种什么状态，或者事物必将是什么状态。比如：“小张同学昨天和人打架了”是事实判断，“小张同学和人打架是不对的”或者“小张同学不应该和人打架”则是价值判断。

一般来说，价值词或价值语言是标志价值判断的重要指标。所谓的价值语言就是

---

① 毕晓哲.别把“老人带娃”搞成道德绑架[N].海南日报，2017-09-15.

表达或指称特定客体对特定主体价值关系的语言，即说话者对某一特定客体进行好或坏、美或丑、恶或善、是或非、利或害、应当或不应当等价值判断的语言表现形式。比如：

> 闯红灯是不道德行为。
>
> 小李是个好学生。

其中“不道德”和“好”就是价值语言，上述两个判断就是价值判断。当然，由于词语的多义性，以及语言使用环境的差异，同样一个词也会有不同的意义，形成不同的判断类型。比如：

> 这是一本好书。

其中，当“好”是指“内容健康或适合阅读”时，“好”是价值词，上述判断就是价值判断。如果“好”是指“完整，没有破损”时，它就不是价值词，上述判断则构成事实判断。所以，价值词是构成价值判断的必要条件之一。

形成价值判断还有一个重要条件，即价值语言指称的必须是特定的主语，如果主语与价值语言不是直接指称关系，也构不成价值判断。比如：

> 小张认为随地吐痰是不文明行为。

其中，“不文明行为”是价值词，但是不文明行为指称的是随地吐痰，而不是主语小张，“小张认为随地吐痰是不文明行为”作为一个整体是一个事实判断，而不是价值判断。即“小张认为……”是一个客观叙述，而不是主观判断。

孙伟平认为，所谓价值判断就是要满足以下两个条件的判断，(1)至少含有一个价值词；(2)价值词直接谓述主词，即直接表达主体对主客体间价值关系的评价。[①]

事实判断以客观事实作为判断标准，具有唯一性，而价值判断则具有多元性。下面这则故事很好地说明了这种价值判断的多元性。

---

① 孙伟平.事实与价值——休谟问题及其解决尝试[M].北京：中国社会科学出版社，2000：139.

从前，有一位老奶奶，她有两个儿子，大儿子卖雨伞，小儿子卖布鞋。天一下雨，老奶奶就发愁说："哎！下雨了，我小儿子的布鞋还怎么卖呀！"天晴了，太阳出来了，老奶奶还是发愁说："哎！看这个大晴天，哪还会有人来买我大儿子的伞呀！"就这样，老奶奶一天到晚老是愁眉不展，吃不下饭，睡不好觉。邻居见她一天天衰老下去，便对她说："老奶奶，你真是好福气呀！一到下雨天，你大儿子的雨伞就卖得特别好，天一晴，你小儿子的布鞋就特别畅销。这样不管天晴还是下雨，您两个儿子都有生意做，真让人羡慕呀！"老奶奶一想，也对！从此以后，老奶奶就不再发愁了，整天乐呵呵的。

就这则故事来讲，老奶奶对天气变化的价值判断前后有很大不同，以前无论天阴天晴她都高兴不起来，后来变成无论天阴天晴，她都乐呵呵的。天气变化是客观的，但是，因为老奶奶的价值标准发生了变化，她对天气变化的价值判断就随之发生了变化。实际上，在新闻评论的立意过程中，价值判断的这种多样性也非常普遍。以下是网民针对同一事件做出的不同的价值判断，新闻报道如下：

6月15日上午，安徽黄山歙县某镇副镇长洪升前往县城办事，其间，他在某网络约车软件上"接单"，驾私家车载客从该县城区前往开发区，后被人认出。

有人向歙县纪委、运管等部门举报此事，运管部门称此举属于违规营运，县纪委则表示将依规查处。

洪升说，离婚后他一个人带孩子，家庭收入不高，家庭条件比较困难。看病、养孩子、还房贷，还要还借款，手头确实比较紧。所以，自己前几年买了辆二手车，利用上下班及开会途中、节假日、晚上等时间，挣点外快，每月毛收入两三千元。

下面是针对这个新闻事件的几篇评论：

**观点一：请别对"副镇长开网约车"上纲上线**

又看到一名基层公务员因生活所迫而干起了兼职的事例，这也不是第一起，以前就发生过基层公务员因为入不敷出而利用晚上时间踩三轮车搞创收来补贴家用的事，还有湖南公务员回村里租种农民土地来增加收入的事。这些事件都不是第一起，也不可能是最后一起。也许有人会问，这些基层公务员真的这么穷吗？这么穷为什么还不辞职？其实公务员也只是一份职业，和其他职业一样，不可能保证每一个家庭都幸福安康，如果因为收入低一些就辞职，那还有人干活儿吗？

就目前来说，每月3,000元的收入似乎已经不算太低，因为全国还有很多人未达到这个水平。是的，这话也对，对于那些一家有四五个领工资的人的家庭来说，生活完全可以达到小康，就是达不到小康，也不会差到哪儿去，但前提是领工资的人要多，最少两人以上。如果一个家庭中只有一个人有收入，就是每月收入达到5,000元，相信日子也好不到哪里去。特别是如果家中上有老下有小时，再遇到个家人生病，直接就可以被划归到贫困家庭群体里去了，不管是公务员还是其他职业，全都一样。

公务员，作为一个特殊群体，受到的约束相对比其他行业要多。加之受中国几千年封建思想的影响，人们通常认为公务员全都是干部，是当官的，肯定是有油水的。再加上计划经济时代一个公职人员在政府工作就可以养活全家的先例，让很多群众认为公务员这个“铁饭碗”不可能与贫困搭得上界。还有，大部分公职人员都爱面子，就是再贫困，也不想让别人知道，这就使得这个群体内的贫困家庭和贫困人员一直不为外人所知，这个群体的人生活得到底怎么样，也只有他们自己知道。按照现在的生活水平，除了那些高薪聘请的公务员和相当级别的高级公务员，又有哪个公务员能够拍着自己的胸脯说自己的工资能够养活自己及全家？

……

对“副镇长开网约车”，个人认为还真不必上纲上线。人家开的车是自己的，他住在城里，工作在乡镇，每天开车上班烧的也是自己花钱买的油。那天他是要在城里开会，在等待开会的时间接个顺风单还真不能算违纪，因为截至目前还没有哪一个条例规定公务员上班路上不能载人。尽管这是有偿行为，但也一样，没有禁止的事为什么不可以做？只要不是有违公序良德、只要没有损害群众利益，何必上纲上线？

这个事件也在提醒着我们当地的党委政府，还是要重视对基层公务员的关爱，一个副镇长的收入尚且不能保障自己的生活，那么更多的普通公务员又会是个什么样的状况？只有加大对基层公务员的保障力度，解决他们的后顾之忧，才能让他们更安心地工作，更好地服务基层、服务群众。①

① 文章来源：http://leshan.newssc.org/system/20160618/001949427.html。

**观点二:清除“副镇长开网约车”的法情纠结**

5月中旬,安徽黄山歙县王村镇副镇长洪升,因生活遇困,在滴滴网络约车平台注册成为车主。6月15日,他前往县城办事时“接单”,驾私家车载客,结果被人举报。运管部门称此举属于违规营运;县纪委则表示将依规查处。洪升接受媒体采访时表示接受处罚,并称不会再做此类“兼职”。

就目前的情况看,洪升的行为是具有违纪性质的。然而,此事被媒体曝光后,大多数网友却表现出了对他的同情。

像洪升这样月薪仅3,000多元,比较贫困的基层干部,可能具有一定代表性。从这个意义上说,我们不妨把副镇长开网约车事件当成一个标本来解剖,把处理结果作为一个典型案例,为今后处理公务员类似经营行为提供借鉴。

从“法纪”的角度来说,没有规矩,不成方圆。根据《公务员法》第53条规定,公务员必须遵守纪律,不得从事或者参与营利性活动。这是一条不可触及的红线,不论是谁或者有任何特殊情况,都不应该逾越。洪升的违规行为尽管轻微,也该受到应有的处罚,以起到警示作用。

从“情理”上说,洪升确有经济困难而没向组织开口,组织不能坐视不管,该多些暖心关怀,应给予其必要的救济和帮助。公务员也是人民群众,让他们有尊严且体面地工作和生活,也是国家进步、社会发展的应有之义。

这则新闻带给我们的一个反思是:一个副镇长为了一笔医药费不得不去开网约车,是不是也警示我们该关注一下基层公务员待遇是否合理?公务员新一轮的工资结构调整,应该更多向基层倾斜,让基层公务员拥有真切的“获得感”。我国要稳定基层公务员队伍,就必须着力改变其生态,以调动并激发他们工作的积极性和创造性。[①]

**观点三:家庭困难不是副镇长开网约车的理由**

官员开网约车遭举报进而被运管部门调查,算不上一件情节有多严重的大事件,尤其是副镇长自曝开车载客系因经济拮据而赚点外快补贴家用后,更得到了不少网友的“理解”和“同情”。

---

① 卢俊宇.清除“副镇长开网约车”的法情纠结[EB/OL].(2016-06-21)[2018-05-23].http://news.xinhuanet.com/local/2016-06/21/c_129076941.htm.

平心而论，洪升的境遇确实有值得同情的一面，但客观、理性、公允地看待此事，官员违规违纪与其家庭困难理应一码归一码，既不该相提并论，更不能成为因果。否则，那些与洪升家境类似的领导干部，是否都可以以此为由"兼职"呢？

另外，无论是从洪升一月接359单的不俗"业绩"，还是从网约车起始时间、路程等的不确定性来看，说洪升开网约车不利用上班时间、不影响正常工作太过武断。对照公务员上班、考勤纪律以及禁止公职人员兼职经商等规定，洪升的做法都涉嫌违规违纪。

官员、普通公务员也是人，生活上可能会遭遇各种困难或不幸，这是无法回避的现实。"新生事物""没遇到过"的官方回应显然难避推诿失察之嫌，"比贪官好"的民间心态更让人不敢恭维。当违规、同情混为一谈，恪尽职守、廉洁奉公的从政生态又该从何谈起？①

可以看出，针对"副镇长开网约车"这一事件，新闻报道和评论作者对这一事实本身没有什么不同的看法，即"事实判断"是一致的。但是，三篇不同的新闻评论，作者在价值判断方面有比较大的差别，形成这种差别的根本原因在于价值判断标准的多样性。

从根本上讲，价值是客体对主体的满足程度。价值的实现程度一方面要看主体的需要，另一方面还要看客体的条件限制。一般来说，客体的条件限制具有客观性，而主体的需要则具有多样性。价值判断因主体的不同，在判断标准方面存在较大差异。比如，上述观点一就认为"副镇长开网约车"情有可原，应该被宽容；观点二认为"副镇长开网约车"应该受到处罚，同时应该完善基层公务员的待遇；观点三则认为违纪就是违纪，与家庭困难不能相提并论。实际上，这种价值标准的差异性不仅体现在评论立意的过程中，也体现在从新闻评论的选题直到选材和形成结论等各个环节。

从新闻评论的选题来看，选择什么样的论题进行评论本身就是一种价值选择，具有较强的主观性。就新闻评论的作者来讲，他是具体的个人，即使有集体创作的评论，也都是由具体的个体来完成的，作者本身的价值判断会直接决定或影响新闻评论的价值倾向。在新闻评论的写作过程中，作者选择什么样的材料、选择何种角度和立场也都是由作者的价值立场决定的。新闻评论的写作和传播的目的也在于通过一系列的

① 范子军.家庭困难不是副镇长开网约车的理由[EB/OL].(2016-06-20)[2018-05-23].http://news.xinhuanet.com/comments/2016-06/20/c_1119070397.htm.

论证,让读者同意或者接受自己的观点。因此价值判断最大的特点就是主观性。也正是这种主观性决定了新闻评论论点的争议性。但是不管价值判断怎样多元,都要在事实问题没有争议的基础上进行。如果事实本身不清楚,价值判断则没有进行的基础。比如在前面所讲的"榆林产妇坠亡事件"中,由于医院撒谎,以此为依据,对跳楼产妇家属进行的批评与指责都是不正确的价值判断。

价值判断的目的,在于进行价值选择。价值判断是价值选择的基础,价值选择是价值判断的体现。比如在"副镇长开网约车"事件中,三篇不同的评论就体现出不同的价值标准和价值选择。也就是说,由于价值判断的多样性,价值选择同样体现出多样性。

由于价值判断具有主体性,常受到个人的情绪、偏见、利益、立场、社会地位、观察视角、生活经验等因素的影响,这些判断有对有错,有深有浅,影响着新闻评论的价值。当然也包含着仁者见仁、智者见智的判断。通常情况下,人们的社会地位不同、需求不同,价值判断和价值选择也就不同;观察和认识事物的角度不同、个人利益和采取的立场不同,价值判断和价值选择也不会相同。

另外,价值判断还体现出社会历史性特征。比如:从 20 世纪 50 年代开始,伐木工人马永顺的故事就被写入中小学课本,家喻户晓,马永顺成为第一代伐木工人中的劳动模范。但是从 60 年代以后,马永顺停止砍树,转而进行植树造林,他不但获得了联合国环境规划署的嘉奖,还获得了全国"五一劳动奖章"和"全国十大绿化标兵"称号。马永顺的故事体现出由于价值标准随着社会历史条件的变化而变化,从而在价值选择上也会发生相应的变化。新闻评论的价值判断应该注意这种价值标准的时代变迁,才能做出正确的价值判断。

但是,不管价值判断和价值选择怎样具有主观性和变动性,在一个特定的社会历史条件下,人们对特定空间中特定事件的价值判断仍具有大体一致的标准,这也是新闻评论的价值判断得以确立的社会基础。

人们的价值选择能否实现、实现的程度如何,取决于人们的认识是否符合社会发展的客观规律。新闻评论的价值判断和价值选择也必须符合社会发展的客观规律,尊重受众的利益和愿望,把握正确的舆论导向,而且这种判断也必须接受社会实践的检验。

## 二、利害判断

价值判断中还有一个较常见的类型就是利害关系的判断,即利害判断。利害判断就是新闻评论分析新闻事实的诸多因素,进而做出新闻事实对谁有利、对谁有害、谁是最大的受益者、谁是最大的受害者的判断。利害判断是新闻评论进行立意并确定论点的重要依据。2017 年，朝鲜进行了第六次核试验，美国总统特朗普在联合国大会上威胁要“彻底摧毁朝鲜”，《环球时报》针对美国总统的说法发表了《“彻底摧毁朝鲜”将严重威胁中韩安全》的社论，社论指出：

朝鲜不是大海上的一座孤岛，在东北亚，它相当于密集居民区内的一座房屋。美国远隔大洋，与中韩这些“邻居”对那座房屋被一场战争“彻底摧毁”的感受自然不一样。不过，华盛顿如果理解不了朝鲜邻居希望和平解决朝核问题的愿望，那就是严重的战略自私。

中国人希望朝鲜核问题“软着陆”，这种愿望是神圣的。它比从遥远的华盛顿和世界任何天涯海角发出的“灭了它”的吼声都更加理直气壮。如果美朝最终爆发导致大规模核污染的战争，那么平壤和华盛顿都是对中国东北及山东半岛民众以及韩国民众的犯罪。[①]

这实际上是对可能爆发的朝鲜半岛核冲突进行的利害判断。美国之所以敢威胁“彻底摧毁朝鲜”，是因为一旦爆发战争，甚至爆发核战争，受害最大的国家不仅是朝鲜，还有作为朝鲜邻国的中国和韩国，美国远离亚洲，对美国造成的直接损害将很小。这也是根据对各方损害的大小做出的事实判断，作者据此得出结论：叫嚣“彻底摧毁朝鲜”是美国战略自私的表现。

利害判断要分清主观上的利害和客观上的利害，上述美国要“彻底摧毁朝鲜”对中韩所造成的损害就是客观上的利害判断。另外还有一些判断则属于主观上的利害判断。比如在西方比较盛行的“中国威胁论”，就是认为中国一旦强大起来，必然会对其他国家构成威胁，西方旨在通过这种论调恶化中国的国际关系，孤立中国。但是国强必霸是西方的逻辑，西方人通过主观的利害判断，认为中国强大一定是对西方的不利因素。事实上，现在越来越多的西方国家已经认识到中国的发展也是西方的机遇。“中国威胁论”实际上就是主观上的利害判断，没有事实根据的主观上的利害判断很容易陷入阴谋论的泥潭。

2016 年，国内著名的汽车玻璃生产商曹德旺在美国投资建厂，引起网民热议。有人认为曹德旺不爱国，在美国投资建厂就是卖国。但实际上，在哪里投资是投资者理

① “彻底摧毁朝鲜”将严重威胁中韩安全[N/OL].(2017-09-21)[2017-10-02].http://mil.huanqiu.com/observation/2017-09/11268778.html.

性思考的结果，无所谓爱国还是卖国，何况曹德旺到美国投资也是经过正常的渠道，是经过中国商务部批准了的。不能认为到美国投资就是对中国的背叛，更不能据此推断一个商人是否爱国。所以，利害判断除了要以一定的事实为依据以外，还要防止做无限的推理，过度推理会导致对动机的质疑，而不质疑动机是《罗伯特议事规则》中的一项重要规则，因为对动机的质疑往往是以道德的名义进行的，多数并没有事实根据。而且，一般情况下，人们都有利己的动机或需求，在不侵害他人和社会利益的前提下，追求利益最大化并不为过，所以指责他人的动机毫无意义。

## 第三节 事实判断与价值判断的关系

### 一、事实判断是价值判断的基础

一般来说，新闻评论应该在确认事实的基本轮廓以后才能做出价值判断，因此，在很多评论中，事实判断与价值判断往往会交替出现，事实判断成为价值判断的基础。

34 岁的李先生突发肺栓塞致心脏呼吸骤停，经武汉大学中南医院急救医生全力抢救，终于转危为安。不过，事后患者父亲找到院方，称医生抢救儿子时剪掉了衣裤，导致其裤兜里的 500 元现金、身份证等物品遗失，索要1,000元赔偿金。经过警方协调，参与抢救的医护人员将凑的1,000元钱给了患者家属。

此新闻一出，患者家属成为众矢之的。几近一边倒的网友讥评患者家属“锱铢必较，要钱不要命”“恩将仇报”等，参与抢救却最终凑钱赔偿的医护人员则被称是遭遇了“农夫与蛇”的故事。

针对这种社会舆情，法制网推出评论《命救过来就不能索赔？不应道德绑架病患家属》，评论指出：

> 患者家属最初索赔 1,500 元，为医院相关负责人所拒绝，后经出警民警调解，参与急救的医护人员凑钱赔了1,000元，民警也被网友讥评为“和稀泥”“该下岗”，纯属躺枪。1,000元的赔偿为涉事双方所接受，那是双方讨价还价、各让一步的协商结果，愿打愿挨，属于意思自治范畴，民警既未强制调解也无权强制调解。幸亏患者财物损失数额不大，若是数额大而调解不成，对簿公堂，法院也是要循一定的举证规则进行权利厘定来定纷止争的。

如果命救过来了，对于财物损失就不计较、不用赔了，那是患者家属大度；但若是家属坚持索赔，也于法有据，是在行使正当权利，应予尊重。一句话，事归两码，患者家属对于医护人员因处置失当造成患者不必要的财物损失，要“亲兄弟明算账”进行索赔，我们对此该加以体恤，而不是进行道德绑架，要求其放弃索赔的权利。①

文中谈到，“1,000 元的赔偿为涉事双方所接受，那是双方讨价还价、各让一步的协商结果，愿打愿挨，属于意思自治范畴，民警既未强制调解也无权强制调解。”这就是事实判断，即理清了事件的具体轮廓，而“如果命救过来了，对于财物损失就不计较，不用赔了，那是患者家属大度；但若是家属坚持索赔，也于法有据，是在行使正当权利，应予尊重”。“患者家属对于医护人员因处置失当造成患者不必要的财物损失，要‘亲兄弟明算账’进行索赔，我们对此该加以体恤，而不是进行道德绑架，要求其放弃索赔的权利。”这一段则是价值判断，强调法律价值对该事件处理的基础性作用，明显属于价值判断。可见，在同一篇评论中，事实判断与价值判断都有可能出现，事实判断为价值判断提供了判断基础。

在这篇评论中提到了道德绑架，即以某种道德为标准对评论对象进行某种评判，属于价值判断的范畴。“道德是以善恶评价为标准，依靠社会舆论、传统习惯和内心信念的力量来调整人们之间相互关系的行为原则与规范的总和，是社会意识形态之一。”②和一般的价值判断一样，道德判断离不开事实判断，一旦脱离了事实基础，道德判断就失去了社会现实意义。因为，这样的道德判断往往从某一价值理念出发对对象进行评价，忽略了对象行为发生的具体条件，正如苏力先生在其译著《道德和法律理论的疑问》译序中指出的：

这些（道德）话语实际上并不具有解决具体法律问题的力量。这些理论之所以被当作普遍真理，常常被搬出来，主要是因为其具有修辞的效果——用今天的话来说，就是语词的暴力和征服性。如果你居然敢质疑“法治”，你居然敢质疑“人权”，你居然要把法律话语同道德话语分离，如果你怀疑美国宪法文本的无所不能

---

① 于立生.命救过来就不能索赔？不应道德绑架病患家属[EB/OL].(2017-09-22)[2017-10-02].http://www.legaldaily.com.cn/commentary/content/2017-09/22/content_7327613.htm? node=34251.

② 金炳华，等.哲学大辞典[M].上海：上海辞书出版社，2001:221.

> 和道德神圣，那你从一开始就处于一个叛臣逆子的地位，你的所有推理都会自然地受到而且也应受到抵制。而如果你高扬“正义”或“社会正义”的旗帜，勇于“为权利而斗争”，强调司法是正义的最后一道防线（并且因为“司法腐败”了，你也就是固守851高地的王成或“最后一个莫希干人”了），站在“弱者”一边，强调“自然法”（连“自然”都如此，你还敢拒绝，你就不仅是要同社会为敌，而是要同自然为敌），那么你已经跟上了时代的潮流，你已经立于不致之地。哪怕你的呼吁被拒绝了，但那只是保守派的捣鬼，是既得利益者的狭隘；而你的失败就是你的胜利，你的挫折就已经证明了你的成功。而且你还获得了一种安全的壮烈，人还活着就自我享受了烈士的待遇，多好的感觉呀！[①]

这段话也适用于新闻评论的判断，我们不能把道德标准和实际的社会规范（包含法律规范）搞混淆了，尤其不能用道德审判替代法律审判，新闻评论常常需要指出哪一方需要同情或者需要获得理解，哪一方“应该”胜出，但是，不能就此认为新闻评论的作者必然要进行道德推理。尤其在法律与道德发生冲突的情况下，更不能用道德的标准去取代法律标准。新闻评论作者通常需要考虑对象行为发生的具体时间、空间和社会条件，再做出价值判断。

比如在上述医患纠纷事件中，患者家属是否应该索赔实际上是一个法律问题，而不是道德问题，如果坚持用道德标准进行考量，则必然会造成“患者家属不道德”这样的价值判断，从法律层面来讲，这是不合乎法治精神的。一般情况下，道德是社会规范中较高层次的行为标准，是社会行为的重要参考。比如上述患者家属如果认为医生救人很辛苦，应放弃索赔，我们可以认为患者家属的选择是“道德行为”，当然，这必须出于自愿。但是患者家属并没有表现出这么高的“道德水准”，他们要维护自己的合法权益，这也是合乎法律要求的。

很多时候，道德的约束力是有限的，每一个人的道德标准又不尽相同，如果社会用道德圣人的标准要求普通人，必然造成道德在实际社会生活中的调节能力下降，以及道德标准的崩塌。但是，没有基本道德约束的行为又会造成人与人之间、个人与社会之间的利益冲突，这样才需要法律来调节社会生活。也就是说，法律属于较低层次的行为规范，而道德属于较高层次的行为规范。新闻评论评价的是社会行为，不能用道

---

① 苏力.如何分析道德，如何理解法律——《道德与法律理论的疑问》译序[M]//波斯纳.道德与法律理论的疑问.苏力，译.北京：中国政法大学出版社，2001.

德这个较高标准来要求普通大众，而常常首先用法律的尺子来丈量，然后才进行道德方面的考量。不管什么样的道德标准，也和普通的价值判断一样，必须建立在清楚的事实基础上。

## 二、新闻评论常出现事实判断与价值判断交叉混合的情况

除了在同一篇新闻评论中事实判断和价值判断会先后出现，很多情况下，在一个具体的判断中，事实判断与价值判断又会出现彼此混合的情况，即事实判断与价值判断混合在同一个判断中。

2017 年 9 月 21 日，教育部、财政部、国家发改委联合发布《关于公布世界一流大学和一流学科建设高校及建设学科名单的通知》，正式确认公布世界一流大学和一流学科建设高校及建设学科名单。但是，怎样建设“双一流大学”却在网上引起了激烈讨论，其中《光明日报》有一篇评论，其中一段的内容摘录如下：

> 在缺钱缺项目的时代，“985”“211”工程固然是效果显著的，但在目前高校已经基本解决了“温饱”需求的情况下，追求卓越，达到世界一流任务更为艰巨。中国的高校和世界一流差距在哪里，看看近些年来“去行政化”推进得如何，现代大学制度建立得如何，“管办评”分离落实得如何，不难知道答案。“双一流”建设要实现 2020 年、2030 年、21 世纪中叶的三重目标，要走的路并不轻松。这是一条攻坚克难的路，而不是一条“照着走”的路，的确应该不是“211”“985”工程的翻版，也不是升级版，而是一个全新的计划。①

文章中“这是一条攻坚克难的路，而不是一条‘照着走’的路……”这句话既是事实判断，也是价值判断。事实判断指的是：“双一流”大学的建设与以往“985”和“211”高校建设的方式确实存在差异，是两条完全不同的路径。价值判断指的是：由于时代变化，高校条件和社会环境都发生了变化，再照着原来的路径发展，“双一流”大学建设将难以达到预期的目标。这里的判断词“是”既是指“事实上是”，也是指“应当是”，这是事实判断与价值判断刚好契合的情况。

---

① 王远山.“双一流”是攻坚克难而不是翻版升级[N].光明日报，2017-09-24.

## 三、可能会出现事实判断与价值判断"相背离"的情况

在新闻评论中，事实判断与价值判断也有可能出现"相背离"的情况。即我们认为某种情况是"正当的"，或者是我们期待出现的，但是，事实上却不存在出现这种情况的条件或选择；或者我们不希望出现某种情况，或者认为某种情况是不应当的，但是，事实上却存在着出现的可能性。

在《新闻记者》杂志评选出的2015年十大假新闻中，有这样一条消息：

> (2015年)4月26日，搜狐网一则《中国驻尼武官：个别航空公司抬价，想抽它们！》的消息迅速传开，文中称：
>
> 中国驻尼泊尔大使馆武官刘晓光告诉搜狐新闻记者，目前个别航空公司飞往尼泊尔的航线存在炒作高价票行为。
>
> 负责机场疏散的刘武官最后强调："请大家不要上当、持中国护照全部免费。"
>
> 随后"滞留尼泊尔的中国公民可免费乘坐回国班机"这则充满"正能量"的信息被国内各网站包括各官方主流媒体转载点赞。不少媒体还据此刊发评论，如《尼泊尔地震，中国人又先撤了》《危急时刻，"中国护照"凸显含金量》《发自加德满都的一条微信，让所有中国人都很傲娇！》，等等。[①]

这条假新闻的出现之所以引起了媒体和受众如此广泛的关注，就在与它迎合了中国人日益提升的民族自豪感，这是典型的价值判断，但是这种价值判断并不是基于事实的，因此，媒体的评论观点与客观事实就发生了冲突。媒体和评论员所期望的那种符合其价值判断的事实并没有发生，这是事实判断与价值判断发生冲突的典型案例。

据《每日经济新闻》报道，2017年，美国国际贸易委员会(ITC)就光伏电池及组件全球保障措施调查做出损害裁决，认定进口产品对美国国内产业造成了严重损害，下一步将研究对进口产品采取限制措施，这是继美国"301条款"贸易保护调查之后，再次扬起的贸易保护的"201条款"利器。新闻报道认为，美国利用"201条款"打击外国企业、保护本国企业，实际上是在保护落后产能，这一行动可能对中国的光伏企业造成负面影响，但是我们没有办法阻止此类事情的发生，这是事实判断与价值判断发生冲

---

① 白红义，江海伦，陈斌.2015年虚假新闻研究报告[J].新闻记者，2016(1).

突的一种情况，即评论员从情感和礼仪等方面认为某件事情不应该发生，或者某事件发生后可能会给自己（评论主体）带来不利影响。但是，根据现实条件来看，评论主体又认为这种事情是不可避免的，我们不想让它发生的事情，实际上发生了，很多批判性评论往往就是这种冲突的结果。

事实判断与价值判断发生冲突以后，事实本身是客观的，价值判断必须建立在事实的基础上，即价值判断必须以事实为前提，尊重事实，并根据事实的发展采取应对措施。上述新闻中，美国特朗普政府要进行贸易保护的趋势是没法改变的，中国地方金融研究院研究员莫开伟在对这件事情进行评论时指出："中国企业只能积极拓展海外市场，重新规划产能，加快光伏产能转型升级，将我国光伏产能推向高端。唯有加快光伏产能生产结构的合理调整，才能从根本上改变中国光伏产能的被动局面。"这是在事实判断与价值判断发生冲突时，价值判断服从事实判断的一个案例。

## 四、价值判断有时候具有独立性

一般情况下，价值判断必须依靠事实判断，但是，有一些价值标准具有绝对性，它不依赖于新闻事实是否发生。因为人们的价值观念有一个价值序列问题，总有一些价值标准会在公认的价值序列中处于最高等级，成为某一空间或者历史时期的"绝对价值"，因为，这些价值标准来自时代的社会实践，具有客观性和"绝对性"。比如，2006 年 7 月 14 日晚，陕西农民邱兴华因与道观管理人员发生矛盾，趁道观内管理人员和香客熟睡之机，持斧头、弯刀，将陕西汉阴县铁瓦殿内的管理员熊万成、工作人员和香客等 10 人杀死，作案后，邱兴华烧殿潜逃。在审判过程中，有人提出，邱兴华是"精神病患者"，应该为邱兴华做精神鉴定。该提议因不符合法律程序及有关法律规定，被法院驳回。抛开本案"是否应该为邱兴华做精神鉴定"的争议，如果邱兴华是精神病患者，那么，他就不应该为自己的杀人行为承担刑事责任。这个量刑与其是否杀了人、杀了多少人都没有直接关系，这就是出于特定的"价值判断"给出的量刑结果。著名评论员郭光东曾经有一篇著名的评论《为什么疯狗可杀，疯人不可杀？》就是对此案的评论。

**为什么疯狗可杀,疯人不可杀?(节选)**[①]

不妨先做几个假设。

假设邱兴华是一只疯狗(并无贬义),乱咬人,那就应该不由分说地将其处死。狗之所以疯,是因为身体感染了狂犬病毒,而且目前的医疗水平无法救治。为免扩大传染面,对疯狗只能捕杀、深埋。但人狗毕竟不同。同样是恶性传染病,人对待自己的同类,却不能捕杀。"非典"肆虐期间,医护人员不是在冒着生命危险,全力救治患病的人吗?

假设邱兴华是一个正在行凶杀人的疯子,那么被侵害人当场回击杀死他,就是一种正当防卫。在这一点上,疯子和正常人一样,享受不到任何"特殊待遇"。

假设邱兴华是一个行凶过后的疯子,那么不仅被害人的家属不能事后再杀死他,而且国家抓捕他后,也不能再处死他了。

为什么呢?最简单的回答是法律上有明文规定,精神病人发病时造成危害结果的,不负刑事责任。但法律为何要给予疯子如此的"特殊待遇"呢?

从道义上讲,是因为危害结果的造成并非出于疯子的自由意志。他杀人是因精神疾病导致其缺乏理智,不知道行为的性质或行为的对错。在这一点上,疯子几乎等同于动物。比如,对于一个撞死人的牛,我们也不能杀死它了事。而且,照黄建翔的话说,行凶的疯子是被魔鬼附体了,身体于他只是一个皮囊,意志则全是魔鬼的。我们要做的,是医治他,驱除那个心魔,使他恢复成一个正常人。

从社会责任上讲,处罚疯子也达不到刑罚的目的。刑罚的目的无非是教育改造本人和警示同类的人。对疯子的刑罚,不仅根本谈不上改造教育疯子自身,而且其他的疯子也绝不可能从中吸取到教训,他们没有正常的判断力。

正因如此,理性的法律才给予疯子"特殊待遇"。不过,无罪并不等于可以"逍遥事外"。人们无须嫉恨他们"杀了白杀",也不用担心他们会继续危害社会。一旦被鉴定为精神病人,法院会剥夺其自由,将其强制送医,关进精神病院。等待他的,将不是正常犯人般的刑期是否已满,而是他病有没有好。刺杀美国总统里根的辛克利,27岁被送进专门收治无罪精神病人的医院,至今已50多岁了,还未重获自由。

---

① 郭光东.为什么疯狗可杀,疯人不能杀.[N].南方都市报,2006-12-12.

在尚未废除死刑的中国,“杀人偿命”的确还是一项规则,不过,是规则就有例外,不杀精神病人就是例外之一。这是法律的理性选择。相反,如果让疯子也一律适用“杀人偿命”,那只能说这个国家“疯”了。

严格地说,邱兴华杀人案只是此评论的一个由头,而文章所阐述的道理就是这样一个具有“绝对性”的价值判断。说它具有“绝对性”是因为该判断超越了邱兴华是否是精神病人、是否杀了人、杀了多少人的争议,只要是“精神病人”,即使是犯人也有自己的合法权利。但是从判断的基础来讲,它依然要基于法律规定的“犯人权利”这一基本事实,只是应该维护精神病犯人的权利这一判断超越了“杀人偿命”的一般性认识,所以这种独立性只在特定的条件下才能成立,且这种独立性也是相对的。

## 第四节 新闻评论中的具体判断与普遍判断

新闻评论中除了要对评论对象做出事实判断和价值判断以外,可能还要对具体事物做出判断,即就事论事地对可能影响价值判断的事实和细节、事情发生的原因和发展趋势,以及具体事件产生的利害关系等做出判断,这就是具体判断。有时候,除了对具体对象做出判断之外,还要对同类事物的一般情况做出判断,也就是普遍性判断,普遍性判断要具有普适性。

下文是红网第六届红辣椒评论的年度佳作《“阶梯电价”方案的温柔两刀》,作者宋永利对“阶梯电价”方案做了细致的剖析,其中的“仔细品读两套方案,我发现发改委的‘温柔’方案至少有‘两刀’”,就是对该方案做出的利害判断。这个利害判断是对具体的事物可能产生的客观影响做出的判断,属于具体判断的范畴。文中还具体分析了“两刀”的主要内涵。第一是在高房价背景下,“阶梯电价”方案对穷人的不公平,第二是“阶梯电价”方案可能因季节性因素产生的不公平。

截至9日下午4时,某门户网站针对此事的一项调查显示,8成以上的网友认为,“阶梯电价”方案将增加自己的用电开支。在数百条留言中,也是反对的多,赞扬的少。原因何在?既然有“温柔”,也就可能有“一刀”。仔细品读两套方案,我发现发改委的“温柔”方案至少有“两刀”。

第一刀是“以户为单位”计算用电量。一个人可以是一户,七八个人甚至十余人也是一户。有人也许会问了,有那么夸张吗? 有,而且并不夸张。原因很简单——房价有多高,民众的感受刻骨铭心,高房价之下,“两代同堂”甚至“三代同堂”都不是什么稀奇事。对于高房价的讨伐,我们浪费了太多的口水,早已筋疲力尽,就不多说了。继续说电价——有钱人是没兴趣玩“两代同堂”甚至“三代同堂”的,所以,“两代同堂”甚至“三代同堂”的都是钱袋子有点“苗条”的人。“N代同堂”的,你让他们把每月的用电量控制在110度至140度,那是不太现实的,所以,这一刀他们挨定了。

第二刀是冬夏两季的用电量较高。官方的统计数据显示,“2009年全国户均用电情况为:110度可满足70%家庭用电需要,140度可满足80%家庭用电需要”。假定这个统计数据是靠谱的,实际情况也很可能会是这样的:春秋两季用电量远低于110度至140度;冬夏两季用电量远高于110度至140度。接下来会发生这样的事情:春秋两季居民荷包无变化,冬夏两季居民荷包会变瘪。最终,“阶梯电价”将会演变成这样:半年(春秋两季)电价不变,半年(冬夏两季)电价上涨。总体而言,第二刀比较隐蔽,但居民想躲开这一刀却相当困难——除非你在夏天不开空调、风扇,并在冬天到来之前扔掉电暖气、暖风机。[①]

这是一篇针对“阶梯电价”方案进行的具体而深入的分析,而普遍判断则主要是新闻评论的判断在广度上的拓展。比如,上文中“有钱人是没兴趣玩‘两代同堂’甚至‘三代同堂’的,所以,‘两代同堂’甚至‘三代同堂’的都是钱袋子有点‘苗条’的人。‘N代同堂’的,你让他们把每月的用电量控制在110度至140度,那是不太现实的”,则是对此类情况的普遍判断。很多时候,具体判断和普遍判断都有可能作为论点出现在同一篇文章中。

据媒体报道,2017年9月20日,在考务部门提供的人工协助读题和代笔等多项服务帮助下,青岛视力残障考生王瑞完成了2017年国家司法考试。她向司法部致信表示感谢,同时建议,在未来发布的考试公告中,希望能够加入指引残障考生申请合理便利的条款,提前主动公开残障考生申请合理便利的流程。对此,光明网“光明时评”刊登了评论《让每个残障考生都能获得平等考试权》。该评论对视力残障考生王瑞受

① 宋永利.“阶梯电价”方案的温柔两刀[EB/OL].(2010-10-10)[2018-03-27].http://hlj.rednet.cn/c/2010/10/10/2084133.htm.

到的特殊照顾表示了肯定，这属于具体判断。

尽管未能如愿提供盲文试卷或电子试卷，但青岛市司法局仍为视障考生王瑞提供了多项专门服务，比如单人考场、专人导盲、播音员朗读试题、代笔答题，等等。正是因为有了这些积极的努力，王瑞才得以顺利完成了国家司法考试。可以说，为了这场“一个人的考试”，当地考务部门确实付出了很大的心血，也赢得了考生及社会的赞誉。

……从目前的结果看，考务部门之所以没能提供盲文试卷或者电子试卷，不排除“来不及”的因素，但考务部门却以另外的方式为她提供了极大的便利。这表明，以往对于弱势考生“重视不够”“准备不足”的情形，正在发生可喜的变化。

上述评论都是针对王瑞本人的遭遇及其带来的积极的社会影响做出的评价。但是，到了评论结尾部分，作者把这种个人的遭遇拓展开来，进而谈及所有的残障人士的权力应该受到重视则是普遍判断，评论把对个体的深入的分析拓展到了所有的残障人士。

作为一项众所瞩目的专业考试，国家司法考试同样有必要参照教育部的规定，为残障考生提供制度化的、普遍的便利，而非仅仅针对单个考生的“特殊善意”。

事实上，很多时候，残障人士更像是一种隐形人，社会公众往往很难察觉到他们的存在。这种印象的产生，与残障人士在教育、就业等各方面受到的种种限制有很大关系。也因此，应该高度重视这一群体参与社会公共事务的平等权利。

残障人士的权利不能漠视，也不应该漠视，社会应该给予其更大的善意，帮助这一群体更好地融入社会。这不仅是残障人士的福利，也是社会之福、国家之福。目前，根据第六次全国人口普查，中国残障人士的数量已高达8,296万人，约占中国总人口的6.21%。面对如此庞大的一个人群，我们没有任何理由无视他们的权利诉求。①

① 胡印斌.让每个残障考生都能获得平等考试权[EB/OL].(2017-09-23)[2017-10-02].http://guancha.gmw.cn/2017-09/23/content_26299154.htm.

作者从“司法考试应照顾所有残障考生”到“重视残障群体参与社会公共事务的平等权利”，再到“帮助残障人士融入社会是社会和国家之福”，一步一步把论证的道理展开。从论证“帮助残障考生对个人的具体影响”到论证“帮助和关注残障人士对整个社会具有普遍意义”，文章从具体判断走向普遍判断，这其中有一个抽象和升华的过程。

上面这篇文章的普遍判断建立在具体判断判断之上。但是，这并不意味着普遍判断一定建立在具体判断之上，而是只有在归纳或类比推理中才会这样，这与不同评论对象和论证时作者的思维方式有关。如果文章采用的是演绎推理，那么具体判断就会建立在普遍判断之上。比如：“一部阶级社会的历史就是一部阶级斗争的历史，封建社会是一个阶级社会，因而，一部封建社会的历史就是一部阶级斗争的历史。”从这个判断中可以看出，“一部阶级社会的历史就是一部阶级斗争的历史”是一个普遍判断，而“一部封建社会的历史就是一部阶级斗争的历史”则是一个具体判断。只有这个普遍判断为真，后面的具体判断才有可能成立。另外，从这个判断中，我们还可以看出，具体判断不一定都是事实判断，普遍判断也不一定都是价值判断，他们的划分标准是不一样的。

### 思考与练习

1.事实判断与价值判断有什么区别与联系？

2.什么是价值判断？有什么标志？

3.有人说，事实判断通常是具体判断，价值判断通常是普遍判断，这种说法对吗？为什么？

4.据中国青年网报道，春节临近，不少市民选择在酒店预订年夜饭。虽然距离春节还有20天，但不少酒店的年夜饭包间已预订完毕，甚至出现“一桌难求”的现象，有些商家还做出了“1.5小时内必须吃完”的规定，超时消费还要收取超时费。下面是一篇关于“限时年夜饭”的评论，阅读文章，看看哪些是价值判断、哪些是事实判断、哪些是普遍判断、哪些是具体判断。

#### 年夜饭必须“限时吃完”是霸王条款[①]

据新华社报道，虽然距离春节还有20天，但不少酒店的年夜饭包间已预订完毕，甚至出现“一桌难求”的现象，成都有商家还做出了“1.5小时内必须吃

① 蒋璟璟.年夜饭必须“限时吃完”是霸王条款[N].新快报，2018-01-29.

完”的规定。商家称，大年三十当天，很多员工都想回家与家人团聚，所以关门时间比以往提前半个小时。超时的话，每隔半个小时要加收100元的超时费。

作为一种曾经的“新年俗”，下馆子吃年夜饭，几乎已经成了一种流行的选择。而与此同时，各式各样由之引发的争议与纠纷也随之而来。此番，最近曝出的所谓“限时”年夜饭，便是其中一例。当然，以局外人的中立视角来审视，商家的这一规定可谓是典型的霸王条款，不仅粗暴无理，并且明显违反了《合同法》《消费者权益保护法》中的专门条款。然而，置之于现实背景下，我们又或许不得不承认，如此奇葩的现象，某种程度上也是市场自发演化的必然结果。

逢年过节，素来是餐饮消费的旺季。尤其在春节期间，供求关系的失衡每每都会到达一个高点。一方面，春节期间不少务工人员返乡，许多餐馆关门歇业，这相当于是减少了市场上的服务供给；另一方面，随着越来越多人热衷于外出吃年夜饭，大量的消费需求又被压缩在短短几天集中释放。尤其需要说明的是，能够提供年夜饭服务的，基本都属于数量相对有限的中高档餐馆。这在客观上决定了消费者挑选和议价的余地其实小之又小。

在一个供求关系失去平衡的市场中，原本的公共规范和职业道德都可能趋向于失效。商家在这一阶段心心念念的，只是尽一切可能追求利益最大化。限定年夜饭必须1.5小时吃完，巧妙地提高了翻台率，这大大增加了店家的营收；而收取“超时费”则更是巧立名目，商家在未提供任何新增服务的前提下，却直接让消费者支付额外花费……对许多餐饮从业者来说，年夜饭的生意，来钱就是这么容易。

尽管我们也承认，在旺季赚取超额收益，属于商家的权利，但是，这其间的经营自主权，更多还是应该体现在“随行就市的定价”，而非“莫名其妙的设限”。

诚如相关部门所提示的，年夜饭限时收取“超时费”，属于经营者单方面逃避自身责任和义务而不当限制消费者合法权利的行为。有鉴于其本身的违法性，这一条款自然是不具备法律效力的。而可以预见的是，伴随着此类新闻的不断曝出，随着“外出吃年夜饭”的消费体验愉悦感趋于下降，公众在此方面的兴趣或许也会趋冷，相关的消费决策也将重新归于理性。只有监管部门及时作为，诸如“年夜饭必须限时吃完”的荒唐现象，才终将获得根本性的扭转。

# 第五章　新闻评论中的叙事

## 第一节　新闻叙事与评论中的叙事

新闻评论是利用概念、判断和推理论证作者观点的文体。在论证过程中，除了使用各种概念、判断和推理以外，新闻评论还离不开一定的叙述性材料。虽然都是新闻性体裁，新闻评论中的叙述性材料与新闻报道中的叙述性材料有着明显的区别。下面是一则新闻报道：

**“舍身救人的铁道值班员”徐前凯**

(2017年)7月6日下午3点左右，徐前凯正在火车站进行调车作业，一位老婆婆突然出现在前方不远处的铁道线上，眼看就要被卷入车底。徐前凯立即按下停车键，同时大声呼喊并吹响鸣笛警示，老婆婆却没有反应。

危急时刻，徐前凯跳下列车，奋力奔向老婆婆，伸手将她往外拉。老婆婆被吓得愣住，徐前凯手一滑，没能将她从轨道中拉出来。

火车逼近，千钧一发。徐前凯再次尝试。他右腿踏进轨道，抱住老婆婆，用尽全身力气向外推……老婆婆被推出轨道得救了，而徐前凯却重重摔倒在地。来不及躲避，车轮从他的右腿上碾压过去。

现场监控显示，从徐前凯跳车到把老人推开，整个过程仅仅5秒钟。

面对匆匆赶来的父母，徐前凯表示：“当时来不及多想，救人，就这么简单。一个老人家、一个长辈，我应该尽自己的能力去救她。这是我应该做的，只要把人救出来，我心里就踏实了。”

事后，被救老人来到徐前凯的病床前，跪地表示感谢。徐前凯这才得知，老人耳背且腿脚不灵活，当时为抄近路横穿铁轨回家。徐前凯说："如果时光重来，我还会冲上去。我知道这可能给自己带来极大的危险，但我是一名退伍军人、一名共产党员，那一瞬间我不能袖手旁观，我要有我的责任和担当。"①

针对徐前凯的英雄事迹，华龙网刊载了一篇新闻评论，标题是《中国好人徐前凯 时代前行的精神标杆》，下面是摘选的部分内容：

7月6日，重庆车务段荣昌站车站值班员、退伍军人、党员徐前凯，奋不顾身勇救横穿铁轨老人，短短几秒，他为救一位素昧平生的人，失去了自己的右腿，却挽回了一条生命。在那间不容发之际，他也来不及去想要不要去救、救了后会怎样，等等，而是不顾一切地救人于危难，这是发自本能和内心的抉择，是在平时的工作、生活中日积月累形成的"记忆"，没有值不值得、该不该做。

死里逃生的徐前凯说："我不后悔！如果时光重来，我还会冲上去。"徐前凯的救人壮举并非偶然，2012年6月，他在遵义车务段盘脚营火车站担任助理值班员时就因勇救一位横穿股道的老人受到广泛赞誉。徐前凯内心崇高的人生观和道德观让我们的心灵感到深深的震撼，也正是他这种乐于助人的习惯，彰显了人性本善、上善若水的态度。徐前凯瞬间的光芒四射，凸显了"中国好人"的价值和良知。

平凡中见伟大，人生路上，将血一滴一滴地滴过去，救活他人，虽自觉渐渐瘦弱，也以为快活。在传递、发扬美德的同时，更映照出舍己为人的人性价值。对于社会而言，有什么样的价值观就会成为什么样的社会，人亦如此。徐前凯"用腿换命"的壮举既是人性"内于心、外于行"的本能体现，也是他在日常生活中的坚守。

宣传英雄是为了传颂英雄，用英雄的壮举向人民传递正能量，让全社会的人多多关心英雄，让他对人生充满希望。徐前凯"用腿换命"的壮举是一种无意识的行善，展示出"中国好人"的生命价值，那种幸福在于为别人而生活。

我们的社会需要正义和勇气，需要涌现更多道德高尚的人，他们见义勇为的爱心与魄力令人称赞，理性的见义勇为更应该被大力弘扬与倡导，铁路职工徐前凯就做到了。

---

① 新华网."舍身救人的铁道值班员"徐前凯[EB/OL].(2017-09-26)[2018-03-17].http://www.xinhuanet.com/newmedia/2017-09/26/c_129712615.htm.

如果我们每个人都能像徐前凯那样，在各种紧急关头挺身相助，在平凡的人生中书写伟大，成为时代前行的精神标杆，这个社会将会更加和谐，我们就能为实现中华民族伟大复兴的中国梦添光彩、当先行。①

通过新闻报道与新闻评论的比较，我们可以看出，在新闻报道和新闻评论中都有一些叙述性材料，只不过新闻报道是以叙述性材料为主，而新闻评论中的叙述性材料只起到辅助论证论点的作用，相对于作者要表达的意见，处于次要地位。

新闻报道中的叙述往往比较详细，包含新闻的所有基本要素，还有很多细节材料，甚至还有一些描写。而在新闻评论中，很长的新闻报道根据论证论点的需要往往浓缩成一句话，如："7 月 6 日，重庆车务段荣昌站车站值班员、退伍军人、党员徐前凯，奋不顾身勇救横穿铁轨老人，短短几秒，他为救一位素昧平生的人，失去了自己的右腿，却挽回了一条生命。"这段叙述高度凝练，虽然在后面的论证过程中也有一些叙述性细节材料的引用，但那也只是简单叙述了一个情景："死里逃生的徐前凯说：'我不后悔！如果时光重来，我还会冲上去。'"这个片段也是论证作者的论点时所必需的材料，而且叙述也做到了尽量简短。相对于新闻报道来说，新闻评论中的叙事性素材具有片段性和高度概括性。

另外，在新闻报道中，所有的材料都是最近的、最新鲜的事实性材料。而在新闻评论中，除了有关徐前凯的新闻素材以外，还加入了"2012 年 6 月，他在遵义车务段盘脚营火车站担任助理值班员时就因勇救一位横穿股道的老人而受到广泛赞誉"的素材。这段反映徐前凯陈年往事的素材显然不具有新闻性，但是却由于论证作者论点的需要而被引用进来，可见，新闻评论中的叙述性因素不一定都具有新闻性。

在新闻报道中，素材的选择都是围绕新闻报道的主题，即核心事实进行选择的，一般只选择有助于廓清新闻事实的基本轮廓和主要事项的材料。在表达方面，必须遵照"客观表达"的原则进行。比如，在上文的新闻报道案例中有一段倾向性较强的叙述，"徐前凯说：'如果时光重来，我还会冲上去。我知道这可能给自己带来极大的危险，但我是一名退伍军人、一名共产党员，那一瞬间我不能袖手旁观，我要有我的责任和担当。'"这种倾向性的语言并不是作者的评价，而是选择用直接引语的方式来暗示作者的倾向性。文中引用的"当事人说"是叙述性材料，也是新闻报道客观表达常用的手

① 张孝勇.中国好人徐前凯 时代前行的精神标杆[EB/OL].(2017-08-01)[2018-03-17].http://say.cqnews.net/html/2017-08/01/content_42435877.htm.

段。而在新闻评论中，事实性材料的选择都要根据作者表达意见的需要来进行，即要围绕论点进行选材。在表达方面，新闻评论也具有比较强烈的主观性。比如“奋不顾身勇救横穿铁轨老人，短短几秒，他为救一位素昧平生的人，失去了自己的右腿，却挽回了一条生命”，字里行间流露出作者强烈的倾向性。

## 第二节　新闻评论的由头

叙事性因素在新闻评论中的作用主要有两个方面：一是诱发作者的评论，二是支持作者的论点。诱发作者评论的叙事性因素在新闻评论中主要以新闻由头或者评论对象的形式而存在，支持作者论点的叙事性因素主要起到论据的作用。

### 一、什么是新闻评论的由头

简单来说，由头就是可作为借口的事，新闻评论的由头就是“放在新闻评论开头部分，用于挑开话题、引出议论的材料”[①]，是作者写作新闻评论、提出中心论点的依据或缘由。

新闻评论的由头一般直接引用或者陈述最近发生的新闻事实，放在新闻评论的开头，作为立论的依据。一般来讲，新闻评论的由头有以下几个功能：

第一，借助由头挑开话题。由头是一个具体的事实，但是该事实反映着事物发展的普遍矛盾。借助由头，新闻评论便于从具体事实出发，引出对普遍道理和普遍矛盾的分析，以免文中的议论部分显得空泛。

第二，借助由头吸引读者。新闻评论的由头一般都是具有新闻价值的新闻事实或者事实所反映的现象或道理，通常具有较大的争议性或普遍的指导意义，这类事实能够引发读者的兴趣，借助由头吸引读者阅读也是新闻评论的重要手段。

第三，借助由头确定立论的角度和方式，为整篇评论定下基调。和新闻报道对新闻事实的客观陈述不同，好的新闻评论在对新闻由头的叙述方面，具有针对性和选择性。为了提高观点的传播效率，在叙述由头的时候，作者也会流露出对事实的态度，暗示文章的基本倾向，这不仅确定了新闻评论的角度和方式，也为整篇文章的倾向和态度定下了基调。

---

① 马少华.新闻评论教程[M].北京：高等教育出版社，2012：51.

第四,新闻评论的由头所体现出的道理和矛盾是整篇文章议论的主线。如果新闻评论中的议论部分偏离由头太远,文章呈现的矛盾和道理与由头的相关性不紧密,那么,或者这种由头的选择是不合适的,或者文章根据由头确定的主题和角度是不合适的。

2015年,演员李冰冰因在国外连续高烧,未能有效治疗,特乘飞机回国看病,引起网友热议。《人民日报》对此事刊发了评论,但是评论所指的方向并不是李冰冰回国看病这件事本身,而是引导大家正确看待国内的医疗改革现状,开头引用的李冰冰回国看病的新闻事件不过是借题发挥的由头而已。

**找准"看病难"的症结**

最近,演员李冰冰海外"看病难"的经历引起网友热议。报道说,她在澳大利亚连续高烧16天,因当地医生无法确诊,连夜飞回国内治疗。消息披露后,不少网友感叹,原来国内的看病难和看病贵是个"伪命题"。

正如不少在国外有过就医经历的人所说的,国外看病"真的贵真的难"。游泳运动员孙杨就吐槽说,他在澳大利亚做过一次血常规化验,花了578澳元(合2,829元人民币),国内一般只要几十块钱。因此,有医务人员甚至开玩笑地说,李冰冰是上天派来拯救医生的天使,她的经历颠覆了人们的片面认知——国外医院的技术高、服务好,国内医院的技术差、服务差。

不过,如果由此认为,国内的看病难和看病贵是"伪命题",也同样犯了简单化、片面化的毛病。不少人仍然选择漂洋过海出国看病,一些海外医疗机构也大举开发中国市场,原因正在于,国内医疗市场"硬件"不够硬、"软件"不够软。医疗硬件的差距容易弥补,从国外引进和购买先进的设备就可以,但"软件"的差距在短期内很难缩小。

事实上,无论是"一床难求",还是"一号难求","看病难"本质上都是优质医生资源的短缺。最近,由于医生短缺,广东一家医院儿科停诊,生命何所系、健康何所托,这件事再次为我们敲响警钟。在第二届世界互联网大会召开前夕,国内首家互联网医院上线运行,试图为传统医疗服务插上"互联网+"的翅膀,为解决老百姓看病难带来福音。然而,我们也要看到,一味的设备依赖、过度的技术迷信,并不能解决优质卫生资源的短缺问题。正如《再造医疗》一书所说,"看病难""从根本上而言，在于医疗服务工作的组织方式不完善”。简化就诊过程，优化诊治流程，让患者以最小的代价获取最大的收益，让医生能够全身心投入医疗实践，有赖于整个医疗系统的改革和重组。

从实践来看，我国新医改实施7年来，新农合、城镇居民医保、城镇职工医保参保率稳定在95%以上，城乡居民大病保险全面实施。随着医改步入深水区，深层次矛盾和问题也不断暴露。医疗服务价格停留在20世纪90年代的水平，医生的劳动价值长期得不到体现，大多数医生超负荷工作，英年早逝的并不罕见。用全世界3%的医疗资源，解决了世界上1/5人口的医疗问题，中国医疗奇迹的背后，难掩不可持续的焦虑。要让马儿跑，也要让马儿吃草，医生理应得到社会的尊重，也需要一份体面的收入。

医改是个世界性难题。解决我们的医改难题，需要中国式办法。如果只是停留在“病有所医”的层面，就可能是只治不防、越治越忙。焦头烂额的救火只是治标之道，远不如曲突徙薪的治本之策，让老百姓不得病、少得病、不得大病。“十三五”规划建议提出推进健康中国建设，特别突出以人的健康为中心，从解决人民群众看病就医问题，向促进和保障人民健康转变。医疗只是实现人民健康的兜底方式，“健康中国”建设将对医改起到引领作用。

回到看病话题。我们既不要把老百姓的看病想得那么难、那么贵，也要清醒地认识到，它是一个难啃的改革“硬骨头”。只有客观、全面地看待这个问题，才能缓解紧张的医患关系，进一步理解中国式医改问题的难点与重点，从而加大医改力度，推动“健康中国”的实现。①

在这篇新闻评论中，李冰冰“打飞的”回国看病就是当时网友们热议的新闻事件，把这件事放在评论的开头，作为评论立论的依据，也是为了吸引读者阅读。文章开头虽然简单叙述了“李冰冰回国看病”的经历，但是后面议论的核心并不是“李冰冰回国看病”，而是由此引发出对国内“看病难，看病贵”的议论，以及我们对待医疗改革应有的态度。可以看出，新闻评论的由头不同于新闻评论的对象，在由由头引发的新闻评论中，评论的对象并不是由头本身，而是由由头体现出的一般现象或普遍矛盾。

① 王君平.找准“看病难”的症结[N].人民日报，2015-12-22(5).

## 二、新闻评论的由头的特征

新闻评论的由头一般具有以下特征：

### (一)新闻性

新闻评论的由头之所以能够吸引读者，就在于它所叙述的事实具有新闻价值。而且，新闻评论之所以被称为新闻评论，区别于杂文和其他议论性文体，其具有新闻性的由头也是一个重要标志。作为由头的事实可能是直接引用的新闻报道，也可能是新闻评论作者自己的所见所闻。对于受众来讲，由头一定要具有新鲜感，或者能够引发读者思考。

### (二)真实性

作为由头的新闻事实是评论赖以立论的依据，如果新闻失实，就会出现两种情况：一是评论的观点随之出错，即作者据此做出的判断失去存在的基础；二是虽然新闻由头被证实是虚假的，但是所讲的道理却是正确的。如果因为事实虚假而造成判断错误，评论自然就失去了应有的舆论导向作用；如果事实虚假，作者所讲的道理即便是正确的，评论也会失去说服别人的力量。因此，评论作者务必注意由头的真实性。尤其是在新媒体时代，由于受到时效性的诱惑，新闻不断出现“反转”的情况，评论员必须认真核实新闻的真假，不能被情绪和好恶误导，拿虚假新闻做由头。

### (三)典型性

一些新闻事实或者作者见闻之所以被拿来作为由头，一定是因为它或者能够反映事物的变化，包含着某种普遍现象或者普遍矛盾；或者能够以小见大，切中时弊，反映事物的发展趋势；或者能够引申出普遍存在的矛盾或道理。就像上面的案例，从李冰冰回国看病引申出国内“看病难和看病贵以及如何看待我国的医疗改革”这个受众普遍关心的社会话题，相对于医疗改革这个抽象的话题，李冰冰回国看病的由头就具有典型性和代表性。

### (四)高度的概括性

在延缓性新闻报道或者非事件性新闻报道中，也会用到新闻由头，这里的新闻由头是指放在新闻报道的开头、反映事物发展变化过程中最新的进展状况、能够以新带旧的叙述性材料或者同类事物中具有典型意义的最新事件。新闻由头通常充当故事性导语，叙述一般比较详尽，记者会用细节描述的方式尽量展示由头所代表的普遍现象，以引出报道的主题。但是，新闻评论中的由头则是对新闻事件的概括性叙述，或者是对可以引申出评论者观点的某些新闻事项的简单叙述，通常都根据作者表达意见的需要做了取舍。因为相对于新闻评论中的意见性因素，新闻评论的由头只是进入话题讨论的敲门砖，一旦进入话题讨论，由头中的新闻事实一般都不再是主要讨论因素，而是转而较为集中地议论从由头中提炼出的普遍矛盾或普遍道理。很多新闻评论的作者为了写作方便，直接把媒体新闻报道的导语复制过来做由头，这与新闻评论表达效率的要求是相违背的。

（五）与主题具有某种程度的相关性

一个新闻事件或者新闻现象能不能做由头，关键要看从这个由头能不能引申出作者要论述的普遍道理，或者要揭示的普遍矛盾。由头既然是引发作者议论的“引子”，就必须与评论的主题有某种相关性，足以引出有关主题。2017 年 6 月 19 日，广州某高校大学生在酒吧饮用过量的鸡尾酒，因酒精中毒死亡。有评论作者以此为由头写了新闻评论，标题是《警惕生活差距引发的负效应》，主题是由生活差距引发的人们对社会的心理影响和认知差距。从新闻报道来看，新闻中并没有反映死亡大学生生活差距的内容，从这个新闻由头也无法推出是生活差距引起的对死者心理影响和认知差距，进而造成这个大学生死亡的结论。这个新闻的评论由头就和评论的主题没有直接相关性。因此我们可以看出，与由头体现的矛盾或者意义偏离太远，就会陷入“稻草人谬误”或者评论跑题的境地。

通常来讲，一个新闻事实包含多个新闻事项，每一个新闻事项都可能引申出新闻的某种倾向，这种不同的事项是客观的，并不是记者或者评论员强加给新闻事实的，这就决定了从新闻事实出发来选择评论角度的范围也不是无限的。虽然作为评论由头的新闻事实具有多侧面性，评论角度的选择也具有一定的主体性，由头与主题的相关性也有远有近，但是，从由头引申出的主题并不是随意的。超出了新闻事实包含的既定的事项，评论的角度和主题就会偏离由头所规定的选择范围，这在由头的使用中是不被受众接受的。

## 三、新闻评论的由头的来源

由头对新闻评论具有重要作用，因此，评论写作必须认真选择新闻由头。一般情况下，由头的来源有两个方面：首先是从媒体报道中选择，这也是新闻评论写作中最常见的由头来源。当今，报纸、网络、广播、电视、微信、微博等都有大量的新闻性信息，包括新闻事件报道、新出台的政府政策法规、涉及公众利益和公共道德的争议性事件等，它们是新闻由头的丰富来源，评论员应该注意在新闻媒体中选择由头。下面几篇评论就是从新闻报道中获得新闻评论的由头的。

2017年9月30日，《环球时报》发表了吴波写的评论《说说“穷”文案背后的精神贫穷》，评论开头的由头就是通过朋友圈获得的。由头中讲的是一则广告文案，实际上则通过这则广告文案论述了广告制作和传播的伦理问题与社会主义财富观，其由头如下：

> 28日，一组主题为“年纪越大，越没有人会原谅你的穷”的推广文案刷爆朋友圈。其商业动机不言自明，想让大家关注理财，但却引发了社会舆论的强烈批评。

文章的主题则集中体现在以下两段：

> 社会主义的财富观不仅涉及物质财富，也关涉精神财富。与物质富有相比，精神富有更充分地体现了社会主义的初衷。如果失去了正确的财富观，物质富裕与精神富裕之间的正相关关系必然会被破坏，财富就会异化为一种堵塞幸福源泉的力量，物质富裕者也必然沦为精神的贫穷者。
>
> 我们应该清醒地看到，当下一些似是而非的财富话语，已经并正在产生社会误导，这是以实现人自由而全面发展为根本目标的社会主义建设力量必须高度警惕的。因此，首先有必要在社会意识层面澄清各种貌似正确又激励人心的财富话语，进一步强化社会主义财富观的传播和引导。这一方面需要我们积极主动地辨析和澄清各种各样“扎心”的商业话语的实质与危害，另一方面需要我们不断创新和完善传播形式，以增强传播的有效性，使得劳动、公平和共享的社会主义价值理念更加深入人心。①

---

① 吴波.说说“穷”文案背后的精神贫穷[EB/OL].(2017-09-30)[2017-10-02].http://opinion.huanqiu.com/hqpl/2017-09/11299077.html.

2017 年 9 月 29 日，人民网发表了沐欣的新闻评论《人体生物密码开启不妨慢一点稳一些》，其由头就是通过综合最近的新闻报道获得的立论依据。该评论由头如下：

科幻照进现实往往在不经意间。进入 9 月，“刷脸”从段子里走进现实生活。继看脸进站、刷脸支付、靠脸解锁之后，有高校推出“不刷卡、就刷脸”的新生报到和门禁系统。日前，又有多家银行推出“刷脸取款”，不需要银行卡，看一眼摄像头，输入手机号、金额和密码，即可取走现金。伴随人脸识别在消费、金融、交通等多领域的加速落地，这项生物识别技术究竟能释放多少可能性引人遐想，而信息泄露、安全隐患等问题也浮出水面。①

文章在由头之后直接挑明了要谈论的主题，即商业应用人体的生物密码要综合考虑技术可靠性、应用范围和法律伦理边界。所谓的“刷脸”问题，并不是文章要谈论的主要内容，只是文章进入主题的引子。

《人民日报》2017 年 10 月 2 日在“人民论坛”栏目发表了一篇评论《将成功果实系于祖国大树》，开头引用了北京科技大学教授张学记的故事，该评论就是通过最近的新闻报道获得的立论的依据，而主题谈论的则是要把个人的理想、追求与国家的发展、民族的富强紧密结合在一起。该评论由头如下：

北京科技大学教授张学记在传感技术领域蜚声海内外，曾被聘任为世界精密仪器公司首席科学家、高级副总裁。当祖国发起“千人计划”，他第一时间响应号召，毅然放弃在美国处于“黄金期”的事业。他说：“一个人的成功果实，要挂结在爱国主义这棵常青树上。”这句质朴的话语，既蕴含浓浓的爱国情怀，又充满深深的哲理。②

新闻由头的另一个来源是评论作者自身的观察和生活经验。同新闻报道的由头不同，评论作者自身的观察和生活经验可能不具有很明显的新闻价值，但是往往与读者的经历和生活经验比较接近，既容易引起读者的共鸣，又体现着社会生活中的普遍现象和矛盾，具有评论的价值。比如，《环球时报》2017 年 9 月 30 日刊发的舒富民写

---

① 沐欣.人体生物密码开启不妨慢一点稳一些[EB/OL].(2017-09-29)[2017-10-02].http://opinion.people.com.cn/n1/2017/0929/c1036-29568586.html.

② 吴樵人.将成功果实系于祖国大树[N].人民日报，2017-10-02.

的评论《旅游供给侧改革迫在眉睫》就是以自己的生活经验作为由头的。

> 从明天起,“国庆+中秋”的8天长假将正式开启。届时,肯定会有数以亿计的人携家带口,前往心仪的目的地游览休闲。①

这个由头从很多人会在国庆黄金周出游的生活经验写起,进而讨论了中国旅游业的供给现状,以及政府应促进旅游供给侧改革朝着全域化、品质化、休闲化方向转变这个主题。

2017年10月2日,《北京日报》刊发的小评论《节日里,莫忘了他们的坚守》,则是以作者自己观察到的最近的事实和现象作为由头的。

> 正值国庆、中秋“双节”假期,大家享受着闲暇时光,感受着祖国的大好河山,朋友圈“摄影大赛”分外火热。而此刻,我们身边还有一道“最美丽的风景”,就是那些坚守岗位、默默奉献的人们。
>
> 他们是副中心的建设者,争分夺秒不歇工;他们是维持治安的人民警察,巡逻检查不放松;他们是辛勤的环卫工人,维护城市靓丽整洁;他们是永远在岗的“白衣天使”,时刻呵护市民健康;他们是播撒文明的志愿者,为市民提供各种服务……这些城市公共服务的提供者、公共秩序的守护者,在其他人尽情放松、享受假日之时,依然兢兢业业、加班加点。他们所做的,似乎和平日里“没有什么不同”,但恰恰是这种“没有什么不同”,让我们的城市保持了顺畅运转,让我们的生活安全、便利、舒适。②

当然,通过日常观察和经验选择新闻评论的由头,需要新闻评论作者对社会生活有深刻的认识,对周围发生的事件有高度的新闻敏感。

## 第三节　新闻评论的对象

新闻事实在评论开头部分除了作为评论的由头,借以挑出话题以外,有时还作为

---

① 舒富民.旅游供给侧改革迫在眉睫[EB/OL].(2017-09-30)[2017-10-02].http://opinion.huanqiu.com/hqpl/2017-09/11299078.html.

② 京平.节日里,莫忘了他们的坚守[N].北京日报,2017-10-02.

评论对象存在，即新闻评论直接对开头叙事部分提到的新闻事实做出判断，论点就是对这个事实本身的认识。这与由头的作用明显不同。以新闻事实作为由头的评论，一般是从这个新闻事实出发，把论题展开到更广泛的同类现象或普遍道理，得出一个一般性的结论。以新闻事实作为对象的评论是就事论事地对这个事实做出判断。马少华认为，"'由头'带来的新闻评论，是为了说明一个道理；'对象'带出的新闻评论，就是为了判断新闻本身"[①]。

下面是两篇新闻评论，我们可以通过案例比较一下"由头"引出的新闻评论与"对象"引出的新闻评论之间的差异。

**大妈是 KTV 下午场的消费者而非"占领者"**

K 歌、聚会、"生日趴"，KTV 是不少年轻人热衷的夜生活聚会地，但白天的 KTV 却有着另外一番景象，尤其是下午，几乎被老年人包场。"儿女上班没时间，我们在老年大学认识了新朋友，K 歌能联络感情，也能接触社会，不至于退休就在家封闭自己。"9 月 2 日，在武汉一家 KTV，从中午 12:30 开始，就陆陆续续有大爷大妈涌向前台。据了解，这些大爷大妈每次人均消费不超过 10 元。

年轻人喜欢光顾的 KTV，却在下午时间成了老年人的包场。但如今，很多人习惯性地戴着有色眼镜看待老年群体，老年群体在他们眼中成了爱占小便宜、不好惹的代名词。尤其是每次人均消费不超过 10 元的报道，更可能让这些老年群体背负着贪图便宜的坏名声。其实，对于大妈"占领"KTV 下午场事件，完全应该以平常心看待，不必上纲上线。

毋庸置疑，KTV 就是 K 歌、聚会的专门营业场所，只要是支付了费用的消费者均可以享受相关服务。这无关老年人与年轻人之分，年轻人可以在 KTV 包夜场 K 歌聚会，老年群体也可以包下午场，两个群体之间的权利应得到同等的对待和尊重。

而且，作为经营场所，也只有支付费用的消费者才可以享受服务，这与公共场所有明显区别。公园、城市广场、马路边等场所，只要不妨碍公共秩序和交通秩序，任何人都可以占用。这种占用应遵循先到先得和持续占用的规则，即谁先占用，一般谁就可以使用，后来者不能妨碍先到者的使用权利，除非先到者离开，后来者才可以使用。就像公园中摆放的长椅那样，谁先占用，谁就可以使用，后来者无权干涉。

---

① 马少华.新闻评论教程：第 2 版[M].北京：高等教育出版社，2012：55.

但由于公共场所有限，加之一些人不守规则等因素，老年人占用公共场所跳广场舞容易因噪声污染影响他人，或者超出使用边界导致与其他群体发生纠纷，如洛阳就曾发生广场舞大妈与篮球小伙争场地以致发生纠纷的事件。而如果这些大妈们使用 KTV 作为唱歌和交流的场所，显然要比在露天场所跳广场舞带来的影响要小很多。甚至正如一些网友评论的那样，这样既可以拉动内需，又可以丰富老年人的生活，还安全且不影响他人，是值得肯定的好现象。

可能让一些人耿耿于怀的就在于“人均消费不超过 10 元”。要知道，对于 KTV 来说，晚上才是客流高峰，下午基本上没有年轻顾客。相对而言，晚上收费自然较高，下午场的折扣就比较大。很多 KTV 均会采取优惠措施来吸引顾客购买下午场。如此折算下来，人均不超过 10 元的消费水平也在情理之中。其实，一些低收入的年轻群体如大学生也会选择收费较低的下午场 K 歌。换言之，在追求实惠的今天，年轻人都知道使用网购、团购等方式降低消费成本，老年群体占用 KTV 的下午场有什么不可以？

以营利为目的的 KTV 下午场收费较低，完全符合市场规律，这也恰好迎合了老年群体的消费需求，是相当完美的结合。如果 KTV 由此认为下午场供不应求或盈利较少进而提高收费，也属于市场行为。因而，与其说大妈们“占领”了 KTV 下午场，不如说其是 KTV 下午场的消费者，是应该摒弃歧视、被平等对待和尊重的消费者，是应予以优待的老年人。①

这个评论从开头的新闻事实——白天的 KTV 尤其是下午场几乎被老年人包场引入，自始至终谈论的都是怎样看待老年人包场 KTV 这件事情，属于典型的就事论事，是对开头的新闻事实做出的判断。文章开头叙述的新闻事件就是这篇评论的评论对象。下面的这篇评论则截然不同。

**“通讯录里的父母”怎样养老**

“我最无助的时候：你爸躺在地上，而你在通讯录里。”日前，一篇关于空巢老人的报道戳中了很多人的泪点。人同此心，我们很容易感受到空巢老人的无助与无力，也体会到了“可怜天下父母心”——怕给孩子们添麻烦。如何让老人们老有所养，再次成为人们热议的话题。

① 史奉楚.大妈是 KTV 下午场的消费者而非“占领者”[N].北京青年报，2017-09-04.

“哀哀父母，生我劬劳。”孝敬父母，天经地义，可如今，在父母身边尽孝道，似乎变得越来越困难。费孝通先生曾经论及，与美国的“接力模式”相比，中国的养老可归为“反馈模式”，即亲代抚养子代、子代赡养亲代，这可概括为“养儿防老”。然而，随着中国的城市化进程不断推进，父母与子女天各一方已属常态。对于在外地工作的子女来说，侍奉父母确有难度，更遑论“居则致其敬，养则致其乐，病则致其忧”。如何让“通讯录里的父母”安享晚年，成为全社会的一道考题。

事实上，身处信息化时代的今天，我们的养老视野完全可以更开阔，将养老命题融入更多元的养老模式之中，比如可施行“借力养老”，即借他人之力、技术之力、制度之力来养老。比如，目前，不少地方正在积极打造以居家为基础、社区为依托、机构为补充的养老服务模式。尽管子女不在身边，但老人居家生活过程中一旦遇到难题，可向社区、机构伸手。这一模式的背景，就是“十三五”规划中提出的“建设以居家为基础、社区为依托、机构为补充的多层次养老服务体系”。

因此，今天的中国人养老，已经从费孝通所说的“反馈模式”演变为“多元模式”，更加强调家庭养老与社区养老相结合，机构做补充。“新建小区必须配建养老服务设施”，一些地方明文规定，未按要求配建养老服务设施的住宅小区，住房城乡部门不予办理竣工验收备案。一定程度上，这是对制度要求的响应。此外，从“补砖头”“补床头”到“补人口”，一些地方改变补贴政策，更加追求补贴效果，对提供相同服务的经营性养老机构实行与公益性养老机构同样的补贴政策。针对失能老人渐多、老来多病现象，有些机构推出的“医养结合”模式也可圈可点。从老有所依到老有所医，从老有所养到养有所安，养老模式更健全，老人晚年品质更有保障。

眼下席卷全社会的智能化浪潮，也可以对接养老模式，有的地方推出虚拟养老院即是一例。虚拟养老院也称“没有围墙的养老院”，这种虚拟养老院由政府引导、由企业运作，借助的载体是智能化、信息化。其具体操作流程是，通过互联网构建出一个庞大的虚拟社区，通过智慧居家养老信息化平台建立服务体系，整合提供更多的养老资源信息，使老人足不出户便能享受到便捷、精准的服务。这种“互联网＋”衍生出来的养老模式变革，既让老人舒心，又让子女安心。此外，有的地方还在探索共享养老、众筹养老，等等。每一种有意义的养老探索都可以尝试，每一种助力老年人生活质量的模式都值得点赞。

“打造银丝下的春天”，这是全社会的责任。老年是人生命中的重要阶段，是仍然可以有作为、有进步、有快乐的重要人生阶段。我们期待，随着养老模式更多元、社会保障更有力，我们的未来一定更有可塑性，“银丝下的春天”将变成现实。①

本文开头交代的新闻事实——一篇关于空巢老人的报道是评论的由头，整篇评论并不是对“儿子只在通讯录里”这个事的真假、是非或者发展趋势等问题的判断，而是通过空巢老人的“儿子只在通讯录里”这件事引申出空巢老人的养老问题，文章主体部分谈论的是一个普遍的社会问题。这与作为新闻评论对象的新闻事实在文中的地位是不一样的。但是，无论是由头还是评论对象，新闻事实都必须真实、概括、典型，具有新闻价值。

叙事性材料除了作为新闻由头和评论对象以外，很多时候，还以事实论据的形式存在，这一点，我们将在介绍新闻评论的论据时谈及。

**思考与练习：**

1.新闻报道中的新闻由头与新闻评论中的评论由头有什么异同？

2.新闻评论中的叙事性材料有什么要求？在安排叙事性材料时有什么规则？

3.在下面两篇新闻评论中，开头的叙述性材料分别起到什么作用？在新闻评论展开的过程中，对它们的使用有什么区别？

**(1)评论一：**

**多些挑刺者，才能发现更多的行业猫腻**

继海底捞后，服务行业又一个高端象征——五星级酒店也遭起底。近日，网上热传一段某独立测评机构拍摄的小视频，该机构测试了北京地区5家知名五星级酒店，发现它们均未彻底清洁浴缸、马桶圈，部分酒店未更换床单、枕套。差不多同时，北京市卫生和计划生育监督所公布的今年夏季对北京691家快捷酒店卫生情况的检查结果显示，其中46家不达标，35家被罚款。

① 王石川.“通讯录里的父母”怎样养老[N].人民日报，2017-09-26.

近日曝光的海底捞与五星级酒店的丑闻，惊掉了许多网友的下巴。公众想问的是，不知道还有多少行业潜规则隐藏在光鲜的外表之下，更不知道媒体和相关第三方机构又该付出多少努力才能纠正更多的行业乱象。

同时，另外一个问题也被公开讨论：发现这些问题的，为什么不是我们的监管机构？为什么不是政府权力？抑或是，媒体或是相关机构要经过多少卧底式的危险行动，才能让一些行业慢慢走上正轨？更重要的问题是，这种监督权力，在当下而言应该如何被评判？是钓鱼之举，还是正义的行为？

其实，在商业如此发达的今天，无论是餐饮行业，还是酒店行业，都不可能完全依靠政府监管机构去实现全方位、无死角的监督。一方面，政府监管机构的力量实在有限，面对海量的餐饮店，细化到管理后厨里的老鼠出没问题，几乎是不可能的；另一方面，在真正独立的行业协会缺位之时，利用社会团体、行业机构来形成自我约束也几乎没有实践的可能，毕竟，市民社会、自治社会的底子是非常薄弱的，监督权力只能旁落到媒体和一些机构身上。

此语境下，媒体与第三方机构的监督力量就会形成。他们是整个社会中的找碴人、挑错人，他们的职业和任务就是去发现问题，然后曝光问题，将问题通过公共媒体传播出去之后，对相关监管机构与企业形成倒逼，以此来纠正一些行业内的不正之风，打破一些潜规则。

诚然，相关企业因为受到了监督与曝光，会感觉不自在。但这便是透明社会之中的监督力量，可以肯定的是，这种监督力量一定是正义的、符合公众利益的。媒体与相关机构以及每一位消费者其实都是监督者，每一位身在其中发现问题的人都有义务去曝光问题。对于公权机构来说，做好以下两件事情就足矣：一是保障每一位消费者和监督者的监督权利，更不要让他们受到恐吓、打击和报复；二是在查实情况的基础上执法，并促使相关企业进行整改。

挑刺者，是这个并不算太美好的社会进步与完善的推动力量。于饮食服务、旅游服务等商业服务是如此，于公共服务更是如此；于企业是如此，于政府更是如此。社会需要这种监督力量的萌发与壮大，只有这样，企业才会因惧于监督而流淌道德的血液；也只有这样，所有的人才都会约束自身的行为，那些隐藏在行业内的潜规则才会慢慢消失。[①]

**(2)评论二:**

## 对大妈闯红灯态度的"傲慢"唯有严惩

7 月 28 日,江苏徐州一大妈因闯红灯和横穿马路被交警拦下,多次爆出雷语:我有心脏病,再说犯病;不差钱,明天继续闯;我教育孩子和孙子去偷,去闯红灯。(7 月 30 日《都市快报》)

行人闯红灯的危害不必多说,但因为相关管理上多是以罚代惩,所以限制力度不足,导致某些城市的行人闯红灯现象屡禁不绝,有些城市开始尝试对于闯红灯的人进行强制交通劝导工作。

被曝光的大妈闯红灯之后,不仅拒绝接受惩罚,更是屡屡爆出雷语。"我有心脏病,再说犯病;不差钱,明天继续闯;我教育孩子和孙子去偷,去闯红灯"等言语,或许只是大妈一时情绪激动下的失态,但是不可否认,这样强硬地对待执法的行为,和相关管理部门的处罚手段较弱有着必然的联系。

对于行人闯红灯的行为,许多城市都是以罚款为主。但是,以罚代管的行为,并不是根治闯红灯行为的根本办法。并且,有些地方的交通督导员缺乏执法权,面对拒不执行的闯红灯者,多半也是无可奈何。长此以往,闯红灯行为都未必会有违规成本,更别说让那些人主动遵守交通规则了。

有人说,故意闯红灯的行为是一种规则意识淡薄的表现。但是,不可忽视的问题是,若不是因为相关规定的执行力度不足,若不是违规成本太低,这种现象也未必会像牛皮癣一般难以根治。对于规则意识不足的问题,其实需要相关制度的完善,只有完善了相关制度,才能保证规则意识深入人心。

对于闯红灯的行为,大多采取罚款和罚做交通督导员两种做法。但是,如果当事人拒绝执行,相关管理部门一般处于束手无策状态。对于拒绝接受处罚的人员,可引入征信体系,让那些故意抵抗执法的行为付出足够的违规成本,这样至少能避免这种雷语的出现。

对于这种故意闯红灯的行为,除了必要的处罚手段以外,更应该保证处罚能够真正执行。如果有人对执法行为采取对抗态度而不需要接受惩罚,甚

---

① 王传涛.多些挑刺者,才能发现更多的行业猫腻[EB/OL].(2017-09-08)[2017-11-05].http://opinion.china.com.cn/opinion_11_171111.html.

至还可以避免原先闯红灯需要承担的责任，恐怕只会导致更多的人闯了红灯之后，还能态度傲慢地拒不执行。

闯了红灯还能如此有恃无恐，归根结底，还是惩罚力度不足。所以，引入更多惩罚手段，保证违规者会受到惩罚，才是杜绝这种傲慢态度再出现的好方法。[①]

① 刘颂寒.对大妈闯红灯态度的“傲慢”唯有严惩[EB/OL].(2017-07-31)[2017-11-05].http://pinglun.iqilu.com/leitai/2017/0731/3637797.shtml.

# 第六章　新闻评论中的论据

## 第一节　事实性论据

新闻评论中的叙事性材料，除了作为评论由头和评论对象等诱发论点的因素以外，还有一部分是作为支持论点的支撑性材料，即通常所说的论据而存在的。所谓的论据，就是用来证明论点的事实或道理，是评论文章中使论点得以成立和促使其深入的相关材料。评论的道理要讲得通、要具有足够的说服力，需要一定的材料来支持，没有这些论证材料，文章的论点是经不起推敲的。

新闻评论中的论据按照材料的性质来划分，一般可分为事实性论据和理论性论据。

事实性论据是能够证明或者解释论点的事实性材料，是对客观事实的叙述，与中心论点具有直接相关性。可以作为事实性论据的材料一般包括典型的人证、物证、个人经历和经验、历史资料、统计数据、新闻事件等。

2017 年 9 月 15 日，《人民日报》刊登的评论《政绩在民意闲谈中》，其中在论证分论点"正确的政绩观需要履行好自己的职责，把人民的美好生活作为自己的奋斗目标"时，就列举了焦裕禄、孔繁森、林北川、牛开成、苏轼等人的例子来佐证作者的观点。

树立正确的政绩观，既要"在其位，谋其政"，履行好自身职责；更要"为官一任，造福一方"，干出利民实绩。从全国人民敬仰的好干部焦裕禄、孔繁森等，到我省人民厚爱的好干部林北川、牛开成等，这些优秀干部无不是在任上造福一方，干出了人民满意的实绩，才被人民所敬爱的。一生多次遭贬谪的苏轼，可谓是"为官一任，造福一方"的典型。他虽多次被贬，却不以己悲，做了不少造福百姓的好事，如在徐州防洪筑堤，在杭州疏浚西湖、修筑苏堤，在惠州引泉入城，等等。树立正确的政绩观，就是要各级干部牢固树立以人民为中心的发展思想，始终把人民对美好生活的向往作为自己的奋斗目标。①

其中，“从全国人民敬仰的好干部焦裕禄、孔繁森等，到我省人民厚爱的好干部林北川、牛开成等，这些优秀干部无不是在任上造福一方，干出了人民满意的实绩，才被人民所敬爱的。一生多次遭贬谪的苏轼，可谓是‘为官一任，造福一方’的典型。他虽多次被贬，却不以己悲，做了不少造福百姓的好事，如在徐州防洪筑堤，在杭州疏浚西湖、修筑苏堤，在惠州引泉入城，等等”。这一段叙事就是事实性论据，起到了支持作者论点的作用。

另外，2017 年 7 月 11 日的《人民日报》还有另外一篇评论《吃亏就是占便宜》，文中说“吃亏就是占便宜”的思想作为一种价值观，会影响人们的日常行为，作者就此观点论证如下：

价值观是一个很有意思的东西，看不见也摸不着，却随时随地在影响我们的行为。特别是当我们要做出重要抉择的时候，内心深处的价值观就会被唤起。反过来，我们也可以根据人们的行为和抉择，了解他们的价值观。在美国留学的时候，导师曾把一个工具箱带到实验室交给我，并告诉我这是用他自己的钱买的。我很奇怪他没有用研究经费。他解释说，这些工具在实验室和家里都能用，用科研经费购买的话，需要写报告说明情况，还不如自己花钱买方便。或许他吃亏了，但在制度的灰色地带，他避免了可能的猜疑，也使大家更加了解了他的为人和价值观，这是一个靠谱的人，值得信赖。②

在这段论证中，作者叙述了自己的一段经历，他的导师用自己的钱买了一些在实验室和家里都能使用的工具。这段作者自己的经历，一方面说明了这篇评论的中心论点；另一方面，也增加了文章的代入感，使文章更具有可信度和说服力。用作者个人的亲身经历或调研材料作为事实论据，往往比用二手资料具有更强的感染力。西方的评论作者比较重视一手资料的使用，以增加文章的“附加值”。下面是《金融时报》中文网的一篇专栏评论：

---

① 饶思锐.绩在民意闲谈中[N].人民日报，2017-09-15.

② 林建华.吃亏就是占便宜[N].人民日报，2017-07-11.

**巴黎将成为全球首个“后汽车时代”大都市**

国际奥委会(International Olympic Committee)已在利马正式确认巴黎为2024年奥运会主办城市。到2024年奥运会拉开帷幕的时候,巴黎将发生翻天覆地的变化。巴黎副市长让-路易·米西卡(Jean-Louis Missika)表示,届时,巴黎很可能已禁止“个人驾驶的内燃机汽车”上路。米西卡的职责包括城市规划。在位于繁忙的里沃利街的巴黎市政厅办公室的窗前,他比画着说道:到2024年,无人驾驶摆渡巴士将整天在双向车道上行驶。奥运游客将看到一番后汽车时代城市的景象。

但任何在如今的巴黎看到卡车在人行横道上镇定地卸货的人,都很难相信这一点。如今的巴黎又脏又乱,落后于交通方面的领跑者阿姆斯特丹和哥本哈根多年,且市长安妮·伊达尔戈(Anne Hidalgo)表示,巴黎每年有6,500人死于污染。但这在很大程度上是因为巴黎建于前汽车时代,始终没有空间容纳这项20世纪的技术。如今,随着私家车开始逐步退出,前汽车时代的城市将重新焕发活力。19世纪之都巴黎,将成为21世纪之都。

巴黎可以迅速改变的第一个原因是,这座城市已初具未来的样子:提高停车收费价格,增加自行车道,并计划到2020年禁止柴油车上路。巴黎具备成为全球首个后汽车时代大都市的所有条件。首先,巴黎太拥挤,容不下汽车的存在,而且随着越来越多的游客涌入,这座城市只会越来越拥挤。“路面的每一寸都必须做到最大化利用,”组织巴黎年度城市交通会议Autonomy的罗斯·道格拉斯(Ross Douglas)说,“这座城市首先要做的就是清除停在街上什么都不干的那15万辆车。为什么你的出行要占12平方米的地方呢?为什么你要用一个大型柴油发动机让我和我的家人忍受污染?”

到2024年,无人驾驶出租车将一程接一程地运载乘客,几乎从不泊车。巴黎的停车场将变成自行车道或滑板车道、露天咖啡座或休闲运动场所。

巴黎可以迅速改变的第二个原因是,自20世纪80年代以来,法国汽车业一直在稳步裁减工作岗位。如今,汽车业规模已经太小,很难通过强有力的游说反对未来的改革措施。第三个原因则是,法国有一位懂科技的39岁的总统。前几任总统都把精力用在拯救夕阳工业上,但埃马纽埃尔·马克龙(Emmanuel Macron)打算抓住一些新产业,如无人驾驶汽车。第四个原因是,总部位于纽约的交通与发展政策研究所(Institute of Transportation and Development Policy)认为,巴黎并不需要私家车,因为这里已经有了所有国际化都市中最出色的公共交通。从拥堵严重的发展中城市来到巴黎的游客，带着惊奇乘坐巴黎的地铁。米西卡表示，在220万巴黎人中，已有近三分之二放弃了私家车。

诚然，住在巴黎郊区城镇的1,000万居民更依赖汽车。但是，到2024年，他们中的大多数应该已经不再愿意开车了。如今，到几乎任何郊区逛一圈，都可以在主要商业街的某处看到写着这句话的告示牌："我们正在准备兴建地铁站。"欧洲规模最大的公共交通项目——大巴黎快线(Grand Paris Express)将改变人们的生活，该项目将带来68座新车站，车站上面将盖起成千上万的房屋。奥运会将有助于确保该项目按时交付。而后，无人驾驶摆渡巴士将沿着主要线路不停地循环运行[(一辆无人驾驶巴士已经在拉德芳斯(La Défense)商业区进行了测试，唯一发生的一次事故是人类驾驶员操作时撞到了一名行人的脚踝]。

新型电动自行车将让郊区的自行车骑行者能够骑行相当于现在两到三倍的距离，这使得长距离通勤更加便捷。米西卡预测，将巴黎市区与郊区隔开的环城大道(Périphérique)将被淘汰。他期盼着届时环城大道变成一条城市林荫大道，两侧咖啡馆林立。

到那时，巴黎市区与郊区将合并成一个"大巴黎"。米西卡指出，2024年的奥林匹克体育场和奥运村将建于巴黎之外的塞纳-圣德尼省(Seine-Saint-Denis)。这里是法国最穷的省之一，距离巴黎只有五分钟火车车程，但现在看来两地还相距甚远。米西卡说："对我来说，这届奥运会最重要的是打造大巴黎人的身份认同。"

到2024年，巴黎将成为欧盟(EU)内首屈一指的大都市。我问米西卡是否预期英国脱欧会给巴黎带来好处，他回答说，他把伦敦和巴黎看作一个城市——"大都市"。在巴黎和伦敦之间穿梭的时间甚至比穿越上海还短。无论如何，他补充说："我的感觉是英国脱欧不会发生，因为英国人很务实。说出'我们错了，我们会后退一步'的那一刻会有点丢脸，但这比退出欧盟要好得多。"

英国建筑师理查德·罗杰斯(Richard Rogers)在不久前的英国《金融时报》周末活动(FT Weekend Festival)上对我说："巴黎正在又一次追上来。"不可否认，到2024年，这座城市也变不成天堂。手持机关枪的士兵仍在昏昏欲睡的街道上巡逻防范恐怖分子，他们通过窥瞄巴黎女人来缓解自己的无聊。但巴黎已经开始以同情而非嫉妒的心态看待它的英国邻居。①

---

① 库柏.巴黎将成为全球首个"后汽车时代"大都市[EB/OL].(2017-10-05)[2018-01-10].http://www.ftchinese.com/story/001074480.

作者在文中多处用自己在巴黎的见闻来印证“巴黎具备成为全球首个后汽车时代大都市的所有条件”这一观点。在文章的倒数第三段和倒数第二段，作者引用了他对巴黎副市长让—路易·米西卡的采访，在最后一段则引用了英国建筑师理查德·罗杰斯的直接引语，这些都是作为论据的叙事性材料。由于这些材料是一手资料，增强了文章的现场感和论据的直接针对性，提升了论据印证自身观点的能力，即评论的“附加值”，这是其他二手资料无法达到的效果。目前这一点在国内的新闻评论中已经引起专业评论作者的重视。但是，从目前新闻评论的整体状况来看，一手资料的使用还不够普及。华中科技大学赵振宇教授提出在媒体建立评论记者机制，目前已在一些媒体实施，借此，评论记者可以通过自己的采访占据丰富的一手资料，这有利于一手资料在新闻评论中的应用。

综上，事实性论据常常通过以下几个渠道获得：

## 一、通过新闻媒体获取相关事实的报道

比如，2018 年 3 月 5 日，南方网刊登了一篇评论《中学生参政议政也是人民当家做主的具体体现》，其开头部分如下：

> 你可别以为“两会”提案只是“两会”代表委员们的事。钱报记者获悉，有 5 份来自中学生的提案即将出现在全国“两会”上。其中《关于规范家政服务员准入的提案》，就是杭州二中模拟政协社团的 8 位同学，与广东实验中学的小伙伴共同撰写的。（3 月 4 日浙江在线）
>
> 早在 2015 年，杭州二中学生楼艺参与的《关于完善网络个人信息安全立法的提案》就曾被提交至全国政协。2017 年，该校学生参与的《关于急救设施和急救教育的推广普及的提案》被交由陈怡霓委员提交至全国政协，并于同年 7 月收到国家卫生计生委做出的关于此提案的答复函，此次提案已经是该校学生第三次提案。①

在这两段评论中，除了第一段的叙事材料是作为新闻由头存在的以外，第二段中提到的两个事例都是作为论据存在的，而且，这两个事例都来自新闻报道。通常情况下，评论作者在进行评论写作之前，首先要考虑选题的可操作性，这往往需要借助搜索

① 刘天放.中学生参政议政也是人民当家作主的具体体现[EB/OL].(2018-03-05)[2018-03-05].http:opinion.southcn.com/0/2018-03/05/content_180994811.htm.

工具对同类选题或事实进行查询，其目的一是要了解这个选题的评论价值，二是选择同类的事实作为论据。因此，评论作者要善于积累新闻事实作为论据，这也是了解选题评论价值、培养评论敏感的重要手段。

在《舌尖上的中国》第三季播出以后，纪录片中出现的“章丘铁锅”成了网上热卖的商品，这引发了《人民日报》对“工匠精神”的反思：

> 春节期间播出的《舌尖上的中国》第三季，捧红了一口章丘铁锅。该分集播出后仅几十分钟，“臻三环”章丘铁锅网店的2,000余口库存卖光，后续产生了10万口左右的订单，甚至有人直接到现场翻墙进厂买锅……一时间，洛阳纸贵、章丘无锅，新年后消费市场的首个风头，被一口传统铁锅抢去，背后饶有意味。
>
> 老物件焕发新生机，甚至带起一波怀旧的节奏，章丘铁锅是热点，但非孤例。前不久，在北京市场消失16年的摩奇饮料悄然成为网红爆款商品，首批1万箱桃汁饮料上市仅3小时就销售一空；过年期间，老字号餐馆推出半成品年夜饭外卖服务，销量比平常翻了几番；拥有几百年历史的白酒泸州老窖在网上一经推出首款香水，首批两万瓶香水上市几天即告售罄，同时带动品牌网店销售量增长了941%……和章丘铁锅一样，传统商品借助互联网等新渠道、新营销理念，纷纷长出翅膀，飞入今日百姓家。①

文章第二段中，关于在北京市场消失16年的摩奇饮料成为网红爆品的案例也是来自新闻报道，在文章中也是事实论据，说明传统商品和工艺之所以能够借助互联网焕发新生，主要原因还是其具备“工匠精神”的内涵。

## 二、通过个人的观察和生活积累获取

比如在前面几个新闻评论的案例中，作者使用的论据有不少就来自自己的日常观察或者生活体验。但是以自己的日常观察或者生活体验作为主要支撑性论据要考虑个人经验的有效性，或者个人经验能否被大众普遍接受。除了这些经验性的直接材料以外，有一些作者通过个人调查获取的资料和数据更具有说服力，个人调查也是新闻评论论据的常见来源渠道。

2018年3月5日，《人民日报》评论版刊登了中国人民大学重阳金融研究院执行

---

① 彭飞.从一口铁锅看工匠精神[N].人民日报，2018-03-02.

院长王文的一篇评论，题目是《感受奔向全面小康的脚步》，全文如下：

**感受奔向全面小康的脚步**

党的“十九大”报告指出，从现在到2020年，是全面建成小康社会决胜期。未来3年，中国社会将如何实现“全面小康”？不久前，笔者与所在机构的30多位同事，借返乡过春节的机会对15省25市912位访谈对象进行了问卷调查，发现百姓心目中的“全面小康”正悄然到来。

在消费方面，“高科技下乡”与电子支付的普及反映了中国基层生活水平的提高。在乡村，10多年前被视为奢侈品的轿车与笔记本电脑已比较常见。77%的受访者表示过去一年收入上升。电子商务平台在乡镇蓬勃发展，网购也正成为农民的日常消费方式。在乡镇，多数受访者对医保和养老保障表示非常满意或满意，“医疗和养老保障＋科技产品”在我国基层呈现了新时代令人欣喜的生活图景。

在教育方面，“留学归国潮”折射了中国人出国求学心态的巨变与对中国未来的信心。数据显示，2017年留学生归国人数首次超过出国人数，第一次呈现“归国顺差”。越来越多的留学生倾向于选择学成归国。更重要的变化是，早年间，海外求学的多数人希望能在国外工作或移民海外。但现在，拓宽视野、丰富人生、提升回国就业竞争力成了留学的主要目的。对于新时代的中国家庭来说，海外教育不再是改变命运的跳板，而是成为增加人力资本竞争力的手段。

在环境方面，取得阶段性成果的“蓝天保卫战”如何持续仍牵动着人心。在我们的调研中，很多人为本地环境状况的向好态势点赞。在可预期的将来，我国人口资源环境矛盾将依然突出，因此，巩固环境治理成果任重道远。我们仍将继续全面推进能源结构清洁化、机动车排放低碳化、城市管理精细化等工作，同时加强区域内雾霾防治协调联动，完善监测网络和调查评估机制，努力让环境质量状况更好地回应人民群众的期待。

在出行方面，“自由行”蔚然成风，表明中国人正在熟悉世界、探索全球。在面对面的问答调查中，我们发现，未出国旅游的人群中，有近一半的人计划出国，而且几乎全部选择“自由行”。在曾经出国旅游的人群中，“自由行”比重约占75%。“自由行”成潮流，背后折射了国人旅游行为结构的巨大转型，也意味着中国人将更深入地拥抱世界、大胆地认知世界。更有意思的是，与以往走马观花、拍照购物式的旅游不同，人们更倾向于体验不同文化，欣赏异国风情。

在住房方面，“房子是用来住的”这一理念深入人心，购房多数源于改善型需求。调研发现，“炒房时代”热潮退去，“向往改善型住宅的新时代”已经到来。在财产方面，专业机构成为居民投资首选，投资心态日趋成熟。越来越多的人选择投资理财，投资环境也更为优化。

通过对问卷数据结果的整理，尤其是看到消费、教育、环境、出行、住房、投资这些社会民生领域正在发生的变化，全面小康社会的坚固底座正在筑牢。从“物质文化需要”到“美好生活需要”，日新月异的发展变化反映了中国蹄疾步稳的社会进步和发展提升。这些微观迹象告诉我们，全面小康社会正快步向我们走来。

文章作者从消费、教育、环境、出行、住房、投资等多个方面进行调查，获取了一手资料，并通过调查的数据得出结论。这些数据在文中属于事实性论据。其中“在乡村，10多年前被视为奢侈品的轿车与笔记本电脑已比较常见”这一事实在文中也是事实性论据，这一判断并没有严格的数据支持，是作者通过个人观察获取的感性资料，对中心论点有支持作用，属于有效论据。

## 三、通过作者的阅读积累案例

有一些事实性材料可以支撑评论的中心论点，但是不一定具有新闻性，这是作为论据的事实性材料与作为由头和评论对象的事实性材料的一个重要区别。这些非新闻性论据材料往往可以通过作者广泛的阅读来获取，比如，查阅文献或者历史资料、掌握一定的史实记载和历史典故等。长江网有一篇论述爱国主义的文章，其中开头几段如下：

连日来，为纪念中国人民抗日战争暨世界反法西斯战争胜利70周年，各地纷纷举办形式多样的纪念活动，铭记抗战历史，传承抗战精神，弘扬爱国主义传统，彰显坚韧不拔、自力更生的民族气节，表达与世界各国人民一道携手开创和平美好未来的愿景。(9月3日人民网—《人民日报》)

9月3日，历史已经赋予了它非同寻常的意义。各地举行纪念活动，不仅是为了铭记历史、缅怀先烈、珍爱和平，更是为了弘扬爱国主义精神、凝聚新的力量、开始新的征程。这不仅是对自己历史记忆的尊重，更是对人类前途命运的关切。

爱国主义是伟大中华民族精神的核心。在浩如烟海的历史发展进程中，无数爱国志士如璀璨的群星："千古离骚"的屈原、"留取丹心照汗青"的文天祥、"笑谈渴饮匈奴血"的岳飞、"要留清白在人间"的于谦……在近百年的风雨沧桑中，中华民族奋起抗争，爱国的内涵不断丰富，爱国精神不断发扬光大。①

在上面的论述中，关于屈原、文天祥、岳飞、于谦等人的案例在这里就是事实论据，这些论据基本来自史料积累，用以证明爱国主义是历史发展进程中形成的民族精神的核心。这些事例虽然不具有新闻性，但是也能够支持作者在文中的观点，因此也是事实论据。

## 第二节　理论性论据

### 一、什么是理论性论据

所谓理论论据，就是用人们普遍接受的概念、真理、经典论断以及格言、谚语等做论据。一般情况下，理论性论据不属于叙事性材料，而是意见性信息，通常以概念、判断或者推理的形式出现。只是为了内容安排的方便，我们把作为理论性论据的意见性信息放在论据的章节里来分析。

一般情况下，理论性论据包括：(1)科学理论；(2)国家的法律法令，党和政府的政策决议以及领导人的讲话；(3)历史上的政治家、科学家、思想家和名人的权威性言论；(4)公认的道德规范、常识、科学公理、定义、法则；(5)格言、谚语、歇后语、诗文佳句。②

2017 年，人民网发表评论《莫做"贪媳妇"，当好"贤内助"》，针对"清官有个贤内助，赃官多有个贪媳妇"的社会现象进行了评论。在培育良好家风方面，文章列举了陈云的夫人于若木、习仲勋的夫人齐心、甘祖昌的夫人龚全珍等人的事例。文章在最后引用了格言"家之良妻，犹国之良相"，它在文中就是理论性论据，这句格言实际上是对一类现象的判断，属于意见性材料。

---

① 寒风.弘扬爱国主义精神，同心共筑中国梦[EB/OL].(2015-09-05)[2018-03-05].http://news.cjn.cn/cjsp/gdzl/201509/t2703434.htm.

② 丁法章.当代新闻评论教程[M].上海：复旦大学出版社，2012：116.

"家之良妻，犹国之良相。"身为领导干部最亲近、对他们最具影响力的"半边天"，夫人们莫做"贪媳妇"，应当多学"齐奶奶""龚奶奶"，当好"贤内助"，吹好"枕边风"，建设好家风。①

2017年2月10日，人民网观点频道发表评论《药价这么"虚"，应该"补"点啥?》，其中，有几段运用了多种形式的理论性论据。

药价的背后是民生，更是风气。有人说，"虚在药，根在医"，不无道理。但是，风气之差不全在于医生，更是一个行业的部分透视。一方面，医药市场的采购与管理混乱，在医药代表之间形成"竞争风气"，回扣越大，开得越多；另一方面，医生与医药代表之间的互相勾连形成"同谋风气"，一个出钱、一个出力，最后无非是从老百姓兜里掏钱。如果不能净化行业风气，即便查处个案，也难除根。从政府监管部门出发，加强行业风气建设，深入治理医药购销和医疗服务中的不正之风，不仅大有必要，而且要有反腐败斗争那样的决心。

归根结底是利益。全国政协副主席韩启德在一次发言中表示，药价虚高令人咋舌，"没有多少复杂的问题，就是利益问题"，信然。从药品生产商到流通领域，从经销商到医院，从医生再到患者，几乎有多少环节就产生多少次"分利"。而实际上，这些所谓的"利益"并没有更有利于医院的发展。药品采购价"奇高"增加了医院的成本，也意味着挤占了医疗条件改善和包括医生薪酬制度在内的改革资源，形成了"高采购价—高成本—低改革能力—医生以药增收—开高价药—高采购价"的恶性循环。真正破除医药环节的利益链条，必须理清医改过程中的种种乱象，如目标缺失、制度分割、权益不公、效率低下等，对症下药，才能将"潜规则"和"灰利益"一扫而光。

治本之道在于改革，在于制度。党的"十八大"以来，医药卫生体制改革在"深水区"中破土，中办、国办也下发了《国务院深化医药卫生体制改革领导小组关于进一步推广深化医药卫生体制改革经验的若干意见》。其中，药价虚高的问题是改革的重点之一，福建三明市的"三医联动"和"两票制"就颇有成效。从生产企业到

① 黄福特.莫做"贪媳妇"，当好"贤内助"[EB/OL].(2017-01-18)[2018-01-10].http://opinion.people.com.cn/n1/2017/0118/c1003-29033173.html.

流通企业开一次发票，从流通企业到医疗机构开一次发票，大大压缩了“中介环节”，借采购、配送、流通、票据管理等合力来实现药品价格阳光化。改革以来，三明市压缩虚高药价2亿元左右，为相关改革和医疗改善腾出了很大空间。让药品回归疗效，让公立医院回归服务，才是改革惠民的目的。

包括药品在内的基本医疗服务是老百姓的公共产品，今天的“虚高”就是明天改革的“靶点”，我们要用实际行动“在病有所医上持续取得新进展”。唯有如此，才能真正“落实以人民为中心的发展思想，想群众之所想、急群众之所急、解群众之所困”。①

“虚在药，根在医。”本文引用了别人的判断作为论据，后面又在文中引用了全国政协副主席韩启德的论断，药价虚高“没有多少复杂的问题，就是利益问题”，结论则引用了有关政策性文件中的语言，“在病有所医上持续取得新进展”“落实以人民为中心的发展思想，想群众之所想、急群众之所急、解群众之所困”等，都属于理论性论据，借以证明作者观点的正确性或者作者要达到的宣传目标的正当性。

与其他意见性信息不同，理论性论据在新闻评论中只论证别的观点，而不被别的观点论证，因此，用作理论性论据的观点一般不能具有争议性。全国政协副主席韩启德说药价虚高令人咋舌，“没有多少复杂的问题，就是利益问题”，这个材料是权威人物的论断，用以证明作者判断的正确性，它虽然与分论点“归根结底是利益”有较高的重合度，但是本段的主要目的不是论证韩启德的判断，而是用韩启德的论断证明作者的分论点。“中办、国办也下发了《国务院深化医药卫生体制改革领导小组关于进一步推广深化医药卫生体制改革经验的若干意见》”，这是国家政策，也是理论性论据。

光明网时评栏目发表过一篇评论《封街办婚宴，精神建设要跟上步伐》，文章在最后一段引用了《管子·牧民》中的话：“仓廪实而知礼节，衣食足而知荣辱。”这句话在文中就是作为理论性论据存在的。

① 理观.药价这么“虚”，应该“补”点啥[EB/OL].(2017-02-10)[2018-01-10].http://opinion.people.com.cn/n1/2017/0210/c1003-29073224.html.

"封街办婚宴"既造成了资源浪费，也加剧了社会风气的浮躁与喧嚣。"仓廪实而知礼节，衣食足而知荣辱。"一些人在实现钱袋"满当当"之后，如何让"慢一拍"的精神家园建设"跟上步伐"，依然是一个不可回避的现实问题。①

## 二、理论性论据的来源

一般来说，理论性论据有以下几个来源：

第一是科学理论和客观规律，包括人文社会科学和自然科学中的科学理论，以及这些学科中常识性的公理、定理、概念、判断、推理、定义等。

2013 年 8 月 19 日，《人民日报》发表的评论《"房价不跌论"违背价值规律》就是利用经济学的基本规律"价值规律"来论证作者的观点的。文章如下：

### "房价不跌论"违背价值规律

对于欲圆住房梦的一茬一茬中国人来说，房地产业无疑成了老百姓最关注的行业。房价的一涨一跌，都牵动着千千万万中国人的心。近日，有房地产"大佬"面对上千万的微博粉丝，不断在微博上宣扬"房价永恒上涨论"，不断被推向舆论的风口浪尖。

这些年，房地产市场高烧不退，城市房价不断上涨，其中的原因是多方面的。首先，是房子成本的提高，这包括开发商拿地的成本、建筑材料的成本和建筑工人的工资成本等。从经济学的角度看，商品的价格始终是由价值决定的，由于商品房建筑成本的上升，必然导致商品房价值量的增大，从而使商品房价格提高，这是房价高的根本原因。

其次，是供求关系的影响。由于城市化发展进程加快，人们对住房的需求量增大，而城市的土地资源有限，因而出现了商品房长期供不应求的状况，导致其价格常常高于价值。只要这一状况没有改变，商品房价格就很难下跌。

还有就是炒房族恶意炒作和开发商哄抬房价使房价始终保持高位。当然，这些年宽松的货币政策和财政政策也助推了房价的上涨。

---

① 杨朝清.封街办婚宴，精神建设要跟上步伐[EB/OL].(2016-04-20)[2018-01-12].http://guancha.gmw.cn/2016-04/20/content_19781814.htm.

不过，所谓的“房价永恒上涨论”却是错误的。因为到现在为止，世界上没有一种商品生产出来是只涨不跌的，包括商品房。从商品价值规律的表现形式看，商品价格受供求关系影响并围绕价值上下波动。也就是说，只要商品的价值量发生变化，价格就会随之变化。而事实上，世界上绝大部分的商品的价值量是随着社会劳动生产率的提高而降低的。

比如手机20世纪八九十年代在我国刚刚出现时，那时叫“大哥大”，能卖到两万多元。而现在手机的款式更新颖、功能更多，却比当初的“大哥大”便宜了很多，原因就是社会劳动生产率提高了，生产手机的成本降低了，手机价格随着价值量的降低下降了。

商品房的生产同样如此，随着科技的发展和社会劳动生产率的提高，建房的成本也会下降，商品房的价格必然呈下降趋势。同时，应当看到，随着城市建设的发展、人口红利的减少，商品房供不应求的状况肯定会改变。到时，有的城市商品房必然会供过于求，其价格也必然下跌。其实，商品价格时涨时落才是价值规律的正常表现，也是价值规律的唯一表现形式，商品房也不例外。①

这篇评论无论是前面解析高房价的原因，还是后面反驳“房价永恒上涨论”，都是利用了价值规律的基本理论，即价值决定价格、供求影响价格、价格围绕价值波动。由于价值规律是经济领域最基本的规律，在公众中的争议程度非常低，因而观点立得住，这就是科学理论作为理论性论据的优势。

第二是名人或权威人物的权威性论断，包括历史名人的言语，一些思想家、科学家、政治家、社会活动家和专业人士的言论，在我国的新闻评论中，还包括党和国家领导人的一些论断。这一类理论性材料数量较多，也比较容易获取，因此，在新闻评论中被广泛运用。尤其是在一些敏感话题中，作者本人可能对某些话题不方便直接做出判断，应用权威人物的论断或者国家领导人的言论，有助于为某些话题“脱敏”。

2014年9月30日，《人民日报》发表国际评论《中国道路的世界意义》，在论述中国道路选择受客观条件限制的时候，就引用了马克思的论断。

① 杨亚军.“房价不跌论”违背价值规律[N].人民日报，2013-08-19.

一个后发国家如何在激烈的国际竞争中改变自身命运，实现赶超？这个命题是包括中国在内的一大批发展中国家所共同面临的历史挑战。而罗林斯所言“理性精神”，正是后发国家在探索适合自身的发展道路时必不可少的。

马克思说：“人们自己创造自己的历史，但是他们并不是随心所欲地创造，并不是在他们自己选定的条件下创造，而是在直接碰到的、既定的、从过去承继下来的条件下创造。”

发展中国家的探索不是在历史的真空中进行的。经济全球化逐步改变了世界图景，但是整个国际秩序的主导权却还是被西方国家牢牢握在手中。尽管昔日殖民主义的老路已经走不通，但是作为现存国际体系的既得利益者，西方国家又怎会心甘情愿将优势地位拱手让人？①

马克思的论断在这里就是作为理论性论据存在的。正如马克思认为的，人们创造自己的历史受到客观条件的限制，中国人创造的中国道路也只能在可能的历史空间中做出选择。这些名人的权威论断为新闻评论减少了必须论证的环节，可以使新闻评论变得更加简洁。

2014 年 8 月 10 日，《人民日报・海外版》微信公众号“侠客岛”发表了新闻述评《邓小平诞辰进入倒计时，中央纪念方式现 3 大看点》，其中谈到如何处理毛泽东主政的“前三十年”和邓小平开创的“后三十年”之间的关系，很长时间内，这在我国一直是一个比较混乱而又敏感的话题。文章引用了习近平总书记对“前后两个三十年”的论断，以及如何客观评价领袖人物的言论，一方面增加了论据的权威性，另一方面也为“前后两个三十年”以及如何看待毛泽东和邓小平的功过问题“脱敏”，实际上是借领导人的言论表达了自己的观点。

一直以来都有声音认为，毛主政的“前三十年”和邓开创的“后三十年”之间，是有矛盾的。前者代表着中国自晚清以来的革命传统和革命遗产，后者则开创了完全不同的道路。

其实早在去年 1 月，习近平就做出了回答。

① 国纪平.中国道路的世界意义[N].人民日报，2014-09-30.

在2013年1月5日的“十八大”新进中央委员与候补委员关于“十八大”精神的研讨班开班仪式上，习近平就在讲话中说：“不能用改革开放后的历史时期否定改革开放前的历史时期，也不能用改革开放前的历史时期否定改革开放后的历史时期。”换句话说，两个三十年是不能割裂的。两个三十年的代表人物，同样适用于这一判断。

而在当年的12月26日，习近平在毛泽东诞辰120周年座谈会上，又提出了如何评价历史人物的方法：

对历史人物的评价，应该放在其所处时代和社会的历史条件下去分析，不能离开对历史条件、历史过程的全面认识和对历史规律的科学把握，不能忽略历史必然性和历史偶然性的关系。不能把历史顺境中的成功简单归功于个人，也不能把历史逆境中的挫折简单归咎于个人。不能用今天的时代条件、发展水平、认识水平去衡量和要求前人，不能苛求前人干出只有后人才能干出的业绩来。

革命领袖是人不是神。尽管他们拥有很高的理论水平、丰富的斗争经验、卓越的领导才能，但这并不意味着他们的认识和行动可以不受时代条件限制。不能因为他们伟大就把他们像神那样顶礼膜拜，不容许提出并纠正他们的失误和错误；也不能因为他们有失误和错误就全盘否定，抹杀他们的历史功绩，陷入虚无主义的泥潭。

这两段方法论，无论评价毛还是邓，都有相当的实际意义。而新一届中央集体在反腐、全面深化改革、作风建设方面的力度与决心，也无疑让人看到对前后三十年遗产的共同继承与发扬。

因为说到底，革命与改革，都是为了谋求国家富强、人民幸福。正如一百多年前马克思所言：“我们的幸福将属于千百万人，我们的事业将默默地、但是永恒发挥作用地存在下去，而面对我们的骨灰，高尚的人们将洒下热泪。”

这，才是今天我们为什么要纪念邓小平的真正意义。①

谈新中国的历史和意识形态，一直有一些敏感的“禁区”，这有体制性原因，但更多的是文化性原因。《环球时报》曾有一篇社论谈论到这个问题，认为中国传统文化主张和谐，共识不足时，回避分歧就成了最常用的选择。这种认识是比较深刻

① 微信公众号侠客岛.邓小平诞辰进入倒计时，中央纪念方式现3大看点[EB/OL].人民日报海外版微信公众号，2014-08-10.

的。关于"中国现代历史前后三十年"的认识就属于这一类问题，领导人的开拓性言论往往成为这类问题"脱敏"的良药，作者应该善于选择这类理论性论据，不断开拓新闻评论的空间。

理论性论据来源的第三个方面是国家的法律法令、权威的文件、典籍、党和国家的路线、方针、政策等。这类论据具有较大的空间限制性，因为有些文件和典籍受到历史文化背景的限制，并不是在所有的国家和地域都适合，要根据具体的历史文化环境，慎重选择。

中国青年网在中共"十九大"召开前夕发表了系列评论。其中第二篇评论《将最好的发展方案写进人民心里》谈到了对民生的看法，文章先后引用了习近平总书记的论述和恩格斯在《路德维希·费尔巴哈和德国古典哲学的终结》中的观点，论证了所谓民生就是让人民有更多的"获得感和幸福感"。

何谓民生？习近平总书记说过，人民对美好生活的向往，就是我们的奋斗目标。民生就是让老百姓有幸福的感觉。按照马克思主义经典作家的观点，"幸福"起始于公平的生产所得。恩格斯在《路德维希·费尔巴哈和德国古典哲学的终结》中也论述了人类追求幸福的欲望绝大部分要靠物质手段来实现的观点。而对民生的具体实施路径，习近平总书记有精辟论述：我们的人民热爱生活，期盼有更好的教育、更稳定的工作、更满意的收入、更可靠的社会保障、更高水平的医疗卫生服务、更舒适的居住条件、更优美的环境，期盼着孩子们能成长得更好、工作得更好、生活得更好。①

另外，一些历史性的经典文件，比如法国的《人权法案》对人权的论述、《联合国宪章》对和平的追求等，都可以作为相关话题的理论性论据。2014 年，《人民日报》国际论坛发表了埃里克·海因茨的评论《美国不是人权领袖》，其中就引用了《联合国宪章》的有关内容。

---

① 程振伟.将最好的发展方案写进人民心里[EB/OL].(2017-10-03)[2017-11-17].http://pinglun.youth.cn/ttst/201710/t20171003_10823610.htm.

是时候重新思索美国自诩的所谓“人权领袖”的意义了。在人权问题上，没有哪个国家是完美的。即便是在北欧等地区的那些稳定、发达、人口不多的国家，也常常会有人权官司。让一个民族多样、幅员辽阔的大国完全没有人权问题，还是一个乌托邦式的理想。

《联合国宪章》“重申基本人权，人格尊严与价值”，并没有赋予任何一个成员国特殊的权力，也没有要求任何国家成为人权表率或是领导者，更没有指出哪些国家做得更好或要向其学习。如果美国想在人权领域居于主导，那问题就不仅仅是成功或失败那么简单。没有一个国家可以站在无可指责的人权制高点，何况美国自身也没有有效地保护人权。美国暴露的虐囚丑闻说明，一个严重践踏人权的国家自然无法担当人权领导者。①

有一些国际公认的基本价值会被写入有关文件，比如有关民主、自由、人权、公平、正义等内容的国际公约，在很多时候都会在新闻评论中作为理论论据出现，上文中引用的《联合国宪章》中关于人权的表述就是一个例子。不过在使用这类理论性论据的时候，要注意在不同的文化环境中，人们对民主、自由和人权的内容认知及其实现形式的差异性。

涉及法律问题的新闻评论使用的法律条文一般都属于理论性论据。比如，We-Phone开发者苏享茂与前妻翟欣欣自2017年3月30日通过婚恋网站结识，6月7日领证结婚，7月16日达成离婚协议，7月18日便办理了离婚手续。在婚姻关系存续期间，苏享茂为翟欣欣在海南购买房屋一栋、特斯拉汽车一台，加上购物、旅游等花费共计1,300万元。在离婚后，翟欣欣还以举报违法犯罪要挟苏享茂赔偿了1,000万元的精神损失费。很多人认为，翟欣欣存在“骗婚”的嫌疑。《南方都市报》发表的评论《骗婚女方当事人违背诚实信用原则》认为，翟欣欣骗婚的说法在法律上是不成立的。

“骗婚”一词只是一种通俗的说法，在我国现行的法律中并没有“骗婚”这样的一个法律概念。

根据我国《婚姻法》对婚姻效力的规定，目前只存在合法婚姻、无效婚姻和可撤销婚姻三种情形。根据《婚姻法》规定：“有下列情形之一的，婚姻无效：(1)重婚

① 海因茨.美国不是人权领袖[N].人民日报，2014-12-31.

的；(2)有禁止结婚的亲属关系的；(3)婚前患有医学上认为不应当结婚的疾病，婚后尚未治愈的；(4)未到法定婚龄的。”“因胁迫结婚的，受胁迫的一方可以向婚姻登记机关或人民法院请求撤销该婚姻。受胁迫的一方撤销婚姻的请求，应当自结婚登记之日起一年内提出。被非法限制人身自由的当事人请求撤销婚姻的，应当自恢复人身自由之日起一年内提出。”根据媒体披露的消息看，苏某和翟某的婚姻既不存在禁止结婚的条件，也不存在被胁迫结婚的情形，因此，从婚姻的成立条件来看，应该是合法有效的。二者的婚姻虽然有效，但从其过程来看的确有点蹊跷，一是闪婚闪离，二是女方得到大笔财产，而且还索要巨额精神损害赔偿。但这是否构成诈骗罪呢？

当今社会，“傍大款”的现象屡见不鲜，但并不是任何在结婚时隐瞒一定事实和想法的行为就属诈骗罪认定的诈骗行为。根据我国《刑法》规定，诈骗罪是指以非法占有为目的，用虚构事实或隐瞒真相的方法，骗取数额较大的公私财物的行为。在本案中，自杀者苏某的“遗书”亦不能证明，翟某是为了达到非法占有苏某财产的目的而与之结婚的，相反，苏某的死亡使本案认定犯罪的难度更大了。因为婚姻主要是两个人之间的事，一方死亡后，有的重要事实很可能已“死无对证”。①

在该文中，作者列举了《婚姻法》中婚姻的三种情形和对无效婚姻的界定条款，以及《刑法》中对诈骗的界定来证明自己的判断：在我国的法律中，“骗婚”的法律概念并不存在，翟欣欣即便有欺骗行为存在，但随着苏享茂的死亡，相关证据也无从获取，她只是违反了《婚姻法》中夫妻双方“诚实信用”的原则。

人民网观点频道刊发了秦宁写的评论《一身造假一路升官，谁在开方便之门？》，在论证贪官卢恩光的贪腐行为带来的社会危害时，就引用了《吕氏春秋·自知》中的名言，这句话也是作为理论性论据出现在文中的。

“欲知平直，则必准绳；欲知方圆，则必规矩。”卢恩光通过不正当手段挤进官场，是规矩之殇，损害了党纪国法的庄严，折伤了司法部门的公信，贻害甚巨。②

---

① 金泽刚.骗婚女方当事人违背诚实信用原则[N].南方都市报，2017-09-18.

② 秦宁.一身造假一路升官，谁在开方便之门？[EB/OL].(2017-05-27)[2017-09-30].http://opinion.people.com.cn/GB/n1/2017/0527/c1003-29304550.html.

理论性论据的第四个来源是诗词、警句、谚语、格言、俗语等，一般是具有哲理性的语句。这类理论性论据也比较多，在新闻评论中除了能够论证中心论点以外，还可以使深奥的道理简单化，提高传播效率。

2017 年 10 月 6 日，红网发表的新闻评论《莫让道具费毁了云南旅游整治的努力》就是用了这样的理论性论据。

古话讲："有朋自远方来，不亦乐乎。"游客从全国各地慕名来到景区，为当地旅游业发展做出贡献，促进当地居民增收，理应受到"朋友般"的待遇。这种待遇并非只体现于景区内，还应体现在景区外、民风中。①

文中"有朋自远方来，不亦乐乎"，众所周知，这句话是出自《论语》中的名句。

2017 年 10 月 2 日，中国青年网发表的评论《在最美的瞬间中触摸时代的温度》使用的理论性论据中就有俗语"一滴水也可以折射出太阳的光芒"，借以论证个人的善举对于整个社会的意义。

"一滴水也可以折射出太阳的光芒"，社会需要以共同价值来凝聚，普通人的担当、善举无疑筑成了时代文明最坚固的基石。感动之后是心动，心动之后是行动，一个人的善举，是一个人的道德素养；千百万人的善举，是一个民族、一个时代的精神气质。在这个筑梦圆梦的时代，经济社会节节攀升的数字书写着恢宏壮观的篇章，但一个个饱含时代温度的微小故事拼成的和谐社会的最美瞬间，恒定成我们这个时代的温度。②

需要注意的是，在引用诗词名句、俗语、谚语之类的材料作为理论性论据的时候，论据不能太多，太多反而会使文章显得牵强附会，不自然。

## 三、理论性论据的应用

一般来说，理论性论据都是二手资料，其说服力相对于事实论据和一手资料的论

① 陆仁忠.莫让道具费毁了云南旅游整治的努力[EB/OL].(2017-10-06)[2017-11-13].http://hlj.rednet.cn/c/2017/10/06/4441665.htm.

② 蒹葭苍苍.在最美的瞬间中触摸时代的温度[EB/OL].(2017-10-2)[2017-11-13].http://pinglun.youth.cn/wztt/201710/t20171002_10821748.htm.

据要弱一些。所以,理论性论据不能太多,而且使用的时候要注意恰到好处,要将其放在适当的地方。意见性材料作为理论性论据,在使用的时候应该注意以下几个方面的问题:

(一)权威

作为论据的意见性信息一般都不需要作者证明就能被受众普遍接受。为了保证资料的权威性,在选择理论性论据时,一般选用来自权威人物、专业人士、名人、权威资料、经典文件和公理等渠道的材料,以便尽量使作者的论据不被怀疑,或者尽量减少论据的争议性。如果这些意见性材料本身是有争议的,则会损害中心论点的权威性。

比如前面的案例《"房价不跌论"违背价值规律》就是利用"价值规律"这一权威性理论作为论据,来批驳"房价不跌"的论调的。在一般的评论中,我们常见到作者引用党代会的报告、宪法和法律、领导人的言论、著名典籍的论断等,这都是为了保证资料的权威性,从而使评论的立论基础更加牢固。

(二)正确

作为理论性论据的意见性信息多数都是被受众广泛认可的理论、道理,或者是饱含着哲理的俗语、谚语和诗句,抑或是一些专业的名词、定义和判断等,但是不管是什么样的意见性信息,只要拿来作为理论性论据,就要注意考证这些"信息"的正确性。

2017 年 9 月 14 日,《南方日报》发表评论《官员"影响力"该如何发挥》,阐释了官员应该慎用自己手中的权力,让权力发挥正向的影响力,自觉约束权力负向的影响力,防止权力滥用,其中就运用到了一些理论性论据。

从字面看,"影响力"三个字不难理解。再结合王保安帮兄弟们"打招呼"的具体事例,足以让人们对"影响力"形成直观感受。需要思考的是:这种"影响力"的本质是什么?学过或了解现代政治学的人都应该知道,这门学科从开始就要定义和理解的一个关键概念,就是权力。汇总各式教科书的经典定义,所谓权力,就是个人或群体影响、支配他人的能力。以此反观,王保安口中的"影响力",实质上就是权力。所以,当经商的弟弟需要从金融机构贷款时,王保安跟地方农信社负责人说"那你老兄掂量吧",实际上就是在运用自己手中的权力;而后者最终帮助王保安的弟弟违规获得数亿元联合授信时,看重的既不是当事人的商业能力,也不是王保安的个人魅力,而是他身为领导干部的权力。

解读和反思王保安所说的“影响力”，其实就是警示广大领导干部要审慎对待手中的权力。这种权力，不但包括审核、审查、批复、批准等与其所处岗位直接对应的权力，还有伴随岗位职权而产生的一些间接的、潜在的、无形的影响力。尤其是后者，现实中少数领导干部似乎深谙其道，以朋友、熟人、老乡等名义，去参加一些表面上普通的饭局、聚会、活动，聊一些日常话题。过程中，看似没有批条子、下指令、给意见，却在“无意”间撮合了一些不正当交易，这恐怕就不能像王保安那样用一句“这是你们的事，你们说去”推得一干二净了。古人说：“官有所畏，业有所成。”用今天的话说，就是中央所要求的“严以修身、严以用权、严以律己”，早已给领导干部如何正确行使权力、恰当发挥影响力立下了规矩。①

本文从解释政治学中的基本概念“权力”开始，阐释“官员的影响力实质上就是权力”这个基本道理，这里以对“权力”的解释和定义作为理论性论据，一定不能违反政治学关于权力的基本概念。后面引用古语“官有所畏，业有所成”来印证前面阐释的道理，即官员只有有所敬畏，慎用手中的权力，才能够成就一番事业。和后面的“严以修身、严以用权、严以律己”的“三严”要求，都是要证明“权力要有所约束”这个道理。

在法律判决中，经常出现一审判决所适用的法律不当，致使当事人提出上诉的情形，这实际上就是审判过程中理论论据错误造成的。比如在前面讲到的苏亨茂与翟欣欣的婚姻纠纷致使苏亨茂自杀身亡案件中，评论作者引用《刑法》中关于诈骗罪的构成要件，来证明“骗婚”的说法不成立，就是指骗婚的理论依据不足。

2016 年 4 月 14 日，22 岁的于欢和母亲苏银霞被 11 名催债人限制人身自由，其间二人被各种辱骂、抽耳光、用鞋子捂嘴，催债人甚至还对苏银霞露出下体，最终于欢操起一把水果刀捅刺催债人，致 1 死 3 伤，一审判决以故意伤害罪判处于欢无期徒刑，而在二审判决中则以“防卫过当，构成故意伤害”的罪名改判为有期徒刑 5 年。面对一审判决结果，媒体把批评的目标瞄准了一审法院所适用的法律条文，即什么条件构成故意伤害、什么条件符合正当防卫或者防卫过当。

① 张东锋.官员“影响力”该如何发挥[N].南方日报，2017-09-14.

> 一审法院认为，虽然当时于欢人身自由受到限制，也遭到对方的侮辱和辱骂，但对方未有人使用工具，在派出所已经出警的情况下，“不存在防卫的紧迫性”。那么，什么构成“防卫的紧迫性”？被10多人控制人身自由，遭到各种殴打、羞辱，为什么不能算？一审判决完全排除了正当防卫（甚至排除了“防卫过当”），法律适用的标准该是怎么样的？在案发4个月之后，讨债一方被当地警方认定为“吴学占黑恶势力团伙”，这一涉黑因素，有没有被判决所考量？①

虽然说法律判断是一个事实判断，但是法律条文的引用则是判决的理论依据。法院判决不当的直接原因是所选择的理论依据，即适用的法律条款不当。

同样是讨论“辱母杀人案”，《烟台晚报》的评论《请珍惜民意对法治的“助推”》也运用了一些理论性论据：

> 在公共事件中，往往也正是这些发轫于切身痛感的在场关注与强势围观，倒逼了公平正义在个案上的归位，促成了很多社会症结的消弭。都说“法律不可远离‘看得见的人情’”，而那些公共发声，正是法律的庭院外看得见的人情民意。
>
> 这并不是说，法律就该迁就和盲从民意，看舆论“脸色”行事，而是指司法在保持独立公正的同时，也要接受舆论监督，经得起法治和民意的考量。如果某个判决在“法律公正”“人本关怀”等指针上与普遍的民意脱节，那我们是否应该反思，是不是有些环节出了问题。②

“法律不可远离‘看得见的人情’”是在司法领域用得比较多的俗语，在这里是作为理论性论据出现的，但是这个理论性论据有可能被误解为“法律判决应该按照民意进行”，而实际上这与法治精神是相违背的。为了保证论据的正确性，文章对这个论据做了一定的限定，防止了因对论据可能出现的歪解而影响中心论点的权威性的情况出现。

（三）新颖

新闻评论的新闻性不仅体现在所依据的新闻事件的新以及所采用的事实论据的

---

① 澎湃新闻社论.辱母案：期待“正义的理据”[EB/OL].(2017-03-25)[2018-09-17].http://www.thepaper.cn/newsDetail_forward_1647938.

② 佘宗明.请珍惜民意对法治的“助推”[N].烟台晚报，2017-03-27.

新，其理论性论据也必须新颖，因为新闻评论是面向公众传播的，老生常谈的话题很难引起受众的兴趣。尤其是理论性论据，很多新闻评论都会用到，受众接触到的有关理论也会很普遍，如果在不同的评论中，作者引用的理论性论据只有那么几个，那么他的评论的观点也很难有所创新。另外，公众已经熟知的理论性论据也很难吊起读者的胃口，新闻评论的传播效率也必然受到影响。理论性论据虽然不是重要的新闻事实，不具有必要的知悉意义，但是一个新颖的理论性论据仍可以使读者眼前一亮，提高中心观点的传播效率。

2017 年，《光明时报》的一篇文章题目是《生根的，才是绿色》，文章的中心观点是：与自然相处，不仅仅与知识和法律相关，更是一个道德问题，人们只有把与自然和谐相处的理念真正从内心的想法转化成应有的行动，才能使绿色发展落到实处。其中有两段是这样写的：

"无象太平还有象，孤烟起处是人家。烟雨蒙蒙鸡犬声，有生何处不安生。"天人合一是人与自然最为和谐的相处方式，也是中华民族自古以来在与环境对话中获得的最为直接的道理。之于绿色生活，我们有着优良的历史传统，历代名士都曾身先士卒地成为"环保先锋"：陶渊明平生最爱植柳，自号"五柳先生"；王维酷爱竹韵，晚年隐居时在房屋周围遍栽竹子；白居易、柳宗元任地方官员时都曾带领百姓一起养花种树。当然，最有意思的还是杜甫。根据《云仙杂记》记载，安史之乱后，杜甫在成都的生活不算拮据，至少伙食不错，他每天"以七金买黄儿米半篮、细子鱼一串"填饱肚子。有趣的是，杜甫去市场买鱼，一般都是从茅屋上揪一根草，到时直接往鱼鳃上一穿，拎着就走，既轻便又环保。

"天地与我并存，万物与我为一。"如今，以生态环境保护为主要内容的可持续发展问题越来越受到大众的高度关注。面对严重的环境污染和生态破坏威胁，政府制定了整治和恢复的规划，对严重污染环境和破坏生态的工业项目进行了更为严格的控制。习近平总书记多次指出，要正确处理好经济发展同生态环境保护的关系，牢固树立保护生态环境就是保护生产力、改善生态环境就是发展生产力的理念，更加自觉地推动绿色发展、循环发展、低碳发展，绝不以牺牲环境为代价去换取一时的经济增长。[①]

① 郑艳.生根的，才是绿色[N].光明日报，2017-06-02.

在这两段论述中，文章首先引用了苏轼《山村五绝》中的几句诗，作为理论性论据，说明人与自然和谐相处的历史渊源。在新闻评论中，对这首诗的引用并不多见，因而对读者具有一定的吸引力。后面，作者继续引用了《庄子·齐物论》中的名言："天地与我并存，万物与我为一。"既紧扣主题，又不落俗套，给人耳目一新的感觉。

## 第三节　论据的基本要求

### 一、论据必须真实可靠

新闻评论的论点并不是孤立的，必须建立在充分论证的基础上。所谓论证，就是用论据证明论点的过程。在这个过程中，使用的每一个论据都必须真实可靠，包括使用的资料的时间、地点、人物、事件、有关数据等。为了让读者相信资料的真实性，一些重要资料和数据应该交代来源，还有一些数据是不断更新和变化的，要注意使用最近更新的数据。

2013 年，面对日本政府购买钓鱼岛的闹剧，《人民日报》刊登了评论《论钓鱼岛及其附近海域自古以来就是中国疆域组成部分》，以大量真实可靠的历史文献论证了"钓鱼岛自古就是中国领土"这一中心观点。

> 大量历史文献无可争辩地表明，钓鱼岛是中国的固有领土，最晚从明清两代开始，钓鱼岛已成为中国疆域不可分割的有机组成部分。
>
> 自明朝之初，钓鱼岛已纳入中国疆域版图。嘉靖十三年(1534 年)，明政府派给事中陈侃前往琉球，册封琉球国王。陈侃在其所著《使琉球录》中记载道："十日南风甚迅，舟行如飞……过平嘉山(今彭佳山)，过钓鱼屿(今钓鱼岛)，过黄毛屿(今黄尾屿)，过赤屿(今赤尾屿)，目不暇接，一昼夜兼三日之路程……十一日夕，见古米山，乃属琉球者。"这一记载，清楚地指出了钓鱼列岛在中国疆域版图之内。
>
> 类似上述的记载在史料中屡见不鲜。嘉靖四十年(1561 年)，明朝的又一任册封使郭汝霖在《使琉球录》中写道："闰五月初一日过钓鱼屿，初三日至赤屿焉。赤屿者，界琉球地方山也。""赤屿者，界琉球地方山"意为赤屿(即今赤尾屿)乃是对着并连接琉球地方之界山。山，古意即界山，也就是说赤尾屿以东是琉球海域，以西是中国海域。

正是由于钓鱼岛及其附属岛屿是中国疆域的组成部分，所以从明代开始就把钓鱼列岛纳入了海防范围，对其实施了有效管辖。刊印于嘉靖四十一年（1562年）、由福建总督胡宗宪幕僚郑若曾编著的《筹海图编》卷一《沿海山沙图》中，“福七”“福八”两图不但记录了台湾、钓鱼岛、黄尾屿、赤尾屿等岛屿属于福建海防范围以内的情况，而且标明了这些岛屿的位置与统管区域。万历三十三年（1605年），吏部考功司徐必达根据《筹海图编》中的“万里海防图”重绘《乾坤一统海防全图》，图中把钓鱼列岛明确标明在中国海疆海防范围内。①

节选的这段文章是这篇新闻评论的开头部分，文章里大量文献资料证明“钓鱼岛是中国的固有领土，最晚从明清两代开始，钓鱼岛已成为中国疆域不可分割的有机组成部分”这一中心论点。首先，文章引用了明朝官员陈侃在《使琉球录》中的文字，证明“钓鱼列岛在中国疆域版图内”；其次，文章还引用了明朝另一官员的记录《使琉球录》中的记载，证明赤尾屿自古属于中国版图；最后，文章还引用福建总督胡宗宪和吏部考功司徐必达的海防图中的记载，证明在明代钓鱼列岛就在中国的海防范围内。文中使用的资料出处确切、权威，有力地支持了文章的中心论点。

新闻评论最常用的推理方式就是归纳推理或者演绎推理，无论是归纳推理还是演绎推理，都有一个基本要求，即作为前提的事实（或条件）必须真实，在任何情况下，一个假的前提都推不出一个真的结论。有时候，作为前提的条件（或者判断）还需要被证明，这时就需要要有充分的论据支撑这个判断。同样，作为支撑材料的论据只有真实可靠，才能使文章具有说服力。论据如果不真实或者被批驳者证明为假，得出的结论就会不攻自破，站不住脚。因此，作为论据的材料，无论是理论性的还是事实性的，都必须真实准确，尤其是理论证据，还必须有可靠的材料来源，才能够获得公众的认可。凤凰新闻客户端有一篇关于“聂树斌案”的文章，开头是这样写的：

聂树斌：人不是我杀的。

河北法院：人是你杀的，判处死刑。

王书金：人是我杀的。

河北法院：人不是你杀的。

王书金：我要上诉，人是我杀的。

① 李国强，侯毅.论钓鱼岛及其附近海域自古以来就是中国疆域组成部分[N].人民日报，2013-05-10.

河北法院：人不是你杀的，真凶是聂树斌，驳回上诉。

——这绝对是全世界最牛的法院！[①]

文章反映的是著名的冤案“聂树斌案”。在这起案件中，聂树斌的代理人怎样证明聂树斌是冤死的？河北法院又怎样证明自己的判决无误呢？那就要用证据说话。在新闻评论中，所谓的证据就是论据。

聂树斌案的原委是，1995 年 4 月 25 日，河北省鹿泉市人聂树斌因故意杀人、强奸妇女被判处死刑，剥夺政治权利终身，同年 4 月 27 日被执行死刑。2005 年 1 月 17 日，河南省荥阳市公安局索河路派出所干警抓获河北省公安机关网上通缉逃犯王书金。王书金除交代在广平县实施多起强奸杀人案件外，还供称曾在石家庄西郊方台村附近玉米地内强奸、杀害一名青年女性。而这起案件的“凶手”聂树斌已于 1995 年被执行死刑。舆论认为，要么王书金在撒谎，要么聂树斌是冤死的。

最高人民检察院重审聂树斌案时认为，聂树斌有罪供述的证明力较弱，可信度不高，原案的定罪证据之间没有形成完整封闭的证据链，不能排除他人作案的可能性。原审判决认定聂树斌犯故意杀人罪、强奸妇女罪的证据不确实、不充分，应当依法宣告原审被告人聂树斌无罪。法律判决的过程是对作为判决证据的事实进行检验的过程，证据虚假则无法得出令人信服的判决结果，聂树斌案最后被翻案也是情理之中的事情。在新闻评论中，证据的真实性对中心论点的支撑作用也是同样的道理。

## 二、论据必须简洁典型

新闻评论的论据作为文章中的叙事性因素，与新闻报道的叙事风格有明显差异。新闻报道中的叙事要求六要素齐全，一些涉及新闻核心事实的要素还必须详细叙述；而新闻评论中的叙事则必须简洁明了，只要简单交代与中心论点直接相关的若干要素，使之能够支持中心论点就行了。在新闻评论中，作为叙事性因素的论据的核心功能在于论证中心论点，而不是交代新闻事实的具体情况，作为论据的叙事和表达也必须简练，尽量言简意赅，这样才能够突出作者的论点。

2018 年 1 月，中国南方遭遇多年不遇的大雪，但是，这场大雪并没有像 2008 年那

---

① 凤凰新闻客户端.聂树斌案始末[EB/OL].(2016-12-03)[2017-11-15].http://www.sohu.com/a/120544308_497976.

样引起南北交通的瘫痪，评论员李泓冰认为，这样的变化反映了我国社会综合治理能力的提升，他在评论中如此叙述事实论据：

历经一夜暴雪，上海人26日清早上班却惊喜地发现：满城银装素裹，路上却干净无冰，交通有序。那些连夜铲雪除冰、铺防滑垫的武警官兵，环卫、路政、交警以及物业、居委会等部门，都还在一线紧盯着雪的脚步。不少网友深受感动，纷纷晒出申城路边瑞雪如盖、道路清爽通畅的“暖图”。“上海发布”集纳网友供图的一则新闻并配以点评“所谓岁月静好、温馨浪漫，是因为他们在默默付出”，新闻发布后，点击量迅速冲上破纪录的400万次，赢得读者纷纷点赞，“上海效率好高，所有道路都是干干净净的”“开车出门，意外的通畅，惊叹于这座城市的精细化管理和人性化服务”“环卫工人辛苦了，希望他们有热茶喝”。在南京，25日市区道路积雪严重，主要路段交通瘫痪，而26日市民们推开门窗，却发现多条道路积雪已清理干净。严寒中“浴雪奋战”的解放军战士疲惫地小憩的镜头，同样感动了石头城，令人感慨“雪夜中的那一抹迷彩色，最让我们心安”。

10年前，中国南方那场突如其来的大范围持续性低温雨雪冰冻灾害，仍令人记忆犹新。由于灾害罕见加之应对失措，数千万人受困于突然而至的冰雪，返乡过年也成为身心煎熬的旅程。这深刻的记忆，不能不让江南对冰雪来袭保持警惕。然而，在如今的暴雪面前，长三角一些城市的反应速度、应急能力，的确令百姓刮目相看。[①]

可以看出，文章的叙事非常简单，在时间、地点、事件等要素的交代上一笔带过，这与新闻报道有明显的区别。在新闻报道中，素材的选择要围绕作者的报道意图，一般是一事一报，并要详细交代新闻的六要素。而在这篇新闻评论中，论据的选择从上海的除雪情况到南京的解放军战士“浴雪奋战”，都是简单叙事，对于“城市治理水平的提高”这个中心论点来讲，这些事例也具有很高的典型性。

另外，新闻评论的论据选择并不受时间的限制，也不一定必然具有新闻性。比如，上述新闻评论中，除了具有新闻性的上海的除雪情况和南京感动石头城的解放军，还简单叙述了10年前中国南方冰雪灾害带来的交通难题，很好地论证了文章的中心论点。这些论据都是作者精心选择的，在同类事实中，这些论据具有较高的代表性。

① 李泓冰.南方暴雪映照治理进步[N].人民日报，2018-01-29.

另外，新闻评论论据的选择不是随意的，作为论据的叙事性因素必须能够支持作者的中心论点，而且很多事例要具有不可替代性，或者能直接反映事物的本质，这就是论据的典型性要求。越是不可替代性的论据材料，典型性就越强。只有那些能够支撑作者论点、能够体现作者论证意图的材料才能作为论据使用。一篇新闻评论要具有说服力，就必须有得力的事实来支撑作者的观点，新闻评论也讲究“用事实说话”。

比如，很多同学写作文的时候，要论证“在逆境中自强不息”的道理，总会运用到司马迁所作的《报任安书》中的一段话：“西伯拘而演《周易》；仲尼厄而作《春秋》；屈原放逐，乃赋《离骚》；左丘失明，厥有《国语》；孙子膑脚，《兵法》修列；不韦迁蜀，世传《吕览》；韩非囚秦，《说难》《孤愤》；《诗》三百篇，大底[①]圣贤发愤之所为作也。”这段材料在这里作为论据对不对呢？肯定是适合的，但是否典型呢？这已经是老生常谈的东西了，还能具有典型性吗？肯定没有了，它只有在司马迁的《报任安书》中才具有典型性。论据的典型性也包括要使用那些别人很少使用或者没有使用过的材料来论证自己的论点，新闻评论的作者要能一针见血地指出别人观点的错误，而不是自己背诵一些万能的材料随意使用。

## 三、论据必须与观点紧密相关

新闻评论的过程就是运用论据证明作者论点正确的过程。作者要证明其论点正确，首先证据必须真实可靠，同时要求论据与论点之间要有紧密的逻辑关系。如果论据能够说明的道理离论点太远，那么这样的论据就是不典型的，或者是不充分的。同一个论据会有不同的意义项，在使用论据的时候，要注意不同意义项之间的差异，这也是保证论据与论点密切相关的重要环节。

在新闻评论中，作为论据的事实或理论之间不一定有直接联系，它们之所以能够出现在同一篇文章中，主要是因为这些事实性信息或者意见性信息都是围绕着中心论点聚集在一起的。能够支持中心论点或者文章的分论点，是选择有关论据最重要的标准。

2018 年年初，湖南邵阳双清区的一位交警，执勤时发现路口信号灯没有读秒功能，他便用手势为过往司机行人倒数“读秒”。在这一过程中，他自创并倾情演绎了一套萌态十足的“舞步”，让原本枯燥的交通指挥变得生动活泼，富有喜感。这一“创举”不仅让过往路人印象深刻，心生暖意，随着“读秒”视频的热传，也赢得了不少人的

---

① 底，即抵。

点赞。

但是,《齐鲁晚报》的一篇评论认为,这样的执法远没有人们想象中那样可爱,从某种意义上说,“萌”式执法就是公共治理方面的一大陷阱,有损执法的权威性和严肃性。文章在论证过程中有这样两段文字:

交警执法有章可循。按照我国现行《中华人民共和国人民警察法》第二十三条之规定,作为警察之中的一员,任何一名交通警察都必须保持警容严整,举止端庄。按照我国现行《中华人民共和国道路交通安全法》第八十条之规定,交通警察执行职务时,应当保持警容严整,举止端庄,指挥规范。而公安部2008年印发的《交通警察道路执勤执法工作规范》更是专设一章,对交警执勤执法行为举止进行了规范。其中,不仅有“举止端庄、精神饱满”这样原则性的要求,而且对交警在执勤执法时站立与行走姿势都做出了明确规定。比如,该规范第十九条对执法交警的站姿提出了这样具体而严格的要求——站立时做到抬头、挺胸、收腹,双手下垂置于大腿外侧,双腿并拢、脚跟相靠,或者两腿分开与肩同宽,身体不得倚靠其他物体,不得摇摆晃动。

相比之下,邵阳这位交警的“读秒之舞”显然过于随意。这种“自选动作”虽然有心也有趣,客观上却是对相关法律法规的僭越与怠慢。对公共治理而言,权威的操作标准与行为规范必不可少。如果没有这样的操作标准与行为规范,如果没有对这些操作标准与行为规范的严格持守,任凭执法人员自作主张,将“规定动作”演绎成“自选动作”,不仅有损于执法必要的严肃性,治理效果也难有保障,甚至还会酿出各种闹剧。①

文章引用《中华人民共和国人民警察法》《中华人民共和国道路交通安全法》《交通警察道路执勤执法工作规范》等相关法律规范作为理论性论据,用以证明“交警执法有章可循,邵阳这位警察的‘自选动作’与相关法规不符,也会有损执法的严肃性”。可以看出,新闻评论所有的论据都必须与文章的论点相关,即支持文章的论点,要么支持文章的分论点,要么直接支持文章的中心论点。实际上,新闻评论的论证过程就是一个用事实材料或意见性信息证明或论证中心论点的过程,论据都是为中心论点服务的,论据与论点的相关性对于整篇评论的权威性和传播价值具有决定性意义。

---

① 王学钧.萌式执法有损执法权威[N].齐鲁晚报,2018-02-01.

网上有这样一个案例，就是要论证一个总论点——乡村旅游可以促进农村发展。有人这样写道：

发展乡村旅游业有利于改善农村环境。当前在农村，由于人们环保意识薄弱，滥用农药，导致环境破坏严重。要发展乡村旅游业，就必须改善农村环境。湖北某村在发展乡村旅游业的过程中，着力改善农村环境，首先让农民签订责任书，做好门前“三包”；另外，对村里污染严重的小矿场实行关停，进行土壤环境恢复。经过几年的努力，该村的环境得到明显改善，山变清水变绿，吸引了城里人来到农村旅游。村里部分农民办起了农家乐，增产增收；村里的旅游资源也被挖掘，开辟了专门的旅游路线。正是因为改善了环境，旅游业获得了长远发展。因此，我们要重视生态环境，通过生态建设来推动旅游业的发展。①

这段论据作为分论点没有问题，即“发展乡村旅游业有利于改善农村环境”。但是从论据使用的角度来看，都是在论证“改善农村环境有利于发展乡村旅游业”。这二者虽然互为因果，但是在论据使用方面却是截然不同的。上面的这段文字就是论据与观点不相关，对论点起不到论证作用的例子。

综上，在新闻评论中，论据除了真实可靠外，与论点之间也要保持紧密的逻辑关系。

**思考与练习：**

1.论据在新闻评论中有什么作用？

2.理论性论据有哪些来源？

3.对论据的选择与使用有什么要求？

4.阅读下面的文章，分辨一下哪些是论点？哪些是论据？论点与论据有什么关系？

**“歧视比病毒更可怕”**

为推动全球艾滋病反歧视倡导工作，2014年，联合国艾滋病规划署将每年的3月1日定为世界“艾滋病零歧视日”。在刚刚过去的第五个零歧视日，

① 公考百科.申论作文想得高分，论证一定要严谨[EB/OL].(2016-12-21)[2017-10-11].http://www.sohu.com/a/122197196_499647.

如何消除歧视，一起促进所有人享有充实和有尊严的生活的权利，再次成为公众热议的话题。

携手抗艾，你我同行。艾滋病病毒是我们共同的敌人，无端地歧视和抵触，只会加剧艾滋病病人本身的伤痛。研究显示，歧视不但直接影响受歧视者的心理和生理健康，而且将严重阻碍社会医疗服务和公共健康教育的进程。“有人被歧视的地方就是艾滋病蔓延最快的地方。”很多时候，歧视的副作用比病毒更可怕。正因此，改变人们对艾滋病的错误认知，对推动预防艾滋病工作的进步意义重大。

医学理论和实践早就证实，艾滋病的传播途径只有性传播、母婴传播、血液传播三种，与艾滋病患者握手、拥抱、一起吃饭等，都不会感染艾滋病。诚然，无论是普及医学常识，还是转变观念，都需要一个过程，但摆脱偏见的桎梏，不再戴着有色眼镜“打量”疾病患者，却是我们可以立即去做的。“他的痛苦已经过去”“希望他能够梦想成真”……世界卫生组织结核病和艾滋病防治亲善大使彭丽媛，曾在一次会议上回顾中国艾滋病孤儿高俊的成长经历，政府和民间团体的帮助，在其中起了非常重要的作用。可见，只有打好“精神疫苗”，让红丝带为更多人所“佩戴”，相关疾病患者才有可能无障碍地融入社会，顺利地找到生活的信心与动力。

习近平总书记曾指出，“艾滋病感染者和病人都是我们的兄弟姐妹，全社会都要用爱心照亮他们的生活”。能否给予艾滋病患者更多理解、尊重和关爱，检验着一个社会的文明程度。早在2012年，西安就出现过一个“艾滋病感染者请您喝茶”的小摊，当时得到了很多路人的支持与参与。此后，从和街头“求抱”的艾滋病患者真情拥抱，到各地涌现的志愿活动，观察这几年的变化，整个社会对于艾滋病患者的包容度正在逐渐提高。正如一位学者所说，类似的暖心行动不一定需要高科技或昂贵的物质成本，最重要的是社会需要凝聚这样一个共识：“我们是一个共同体，我们支持你。”

去年，中国当选为2018年联合国艾滋病规划署项目协调委员会副主席国。荣誉就是责任，未来，中国将为艾滋病防治付出更多努力。“平等让我们更健康”，希望尊重艾滋病感染者和病人能成为更多国家和地区民众的自觉。不是背过脸，而是真诚地面向他们，这才是文明社会应有的理性与温度。[①]

---

① 璀璨.“歧视比病毒更可怕”[N].人民日报，2018-03-02.

# 第七章　新闻评论的结构

## 第一节　新闻评论的思维结构与文本结构

### 一、评论的思维结构与文本结构的关系

新闻评论传播的是意见性信息，而且要通过文本来证明作者的观点正确。论证的基本思路是从新闻事件出发，通过一系列的概念、判断和推理来证明作者的立场和观点的正确性。因此，从思维的角度来讲，新闻评论的结构反映的是作者认识事物的思维结构。所谓思维结构，是指在写作过程中思维主体具有的理论思维、逻辑思维以及具体的思维方式的集合，是一种宏观思维框架与微观的思维指向的有机结合，体现为一种智力统摄下的运用能力。但是，这种结构可能并不是作者认识事物的原始结构，作者在认识事物时也可能经过了一系列的论证和推断，甚至做了很多无用功。但是通过这些思维，作者抽象或者抽取了思维过程中对事物认识的符合逻辑的线索，从而达到了对事物更深层次的认识。

新闻评论作为新闻体裁，受到传播效率的制约，不可能带领读者重新经历作者认识事物的曲折复杂的过程，而是把作者对事物抽象的思维结构呈现给受众，并通过最简短的过程，引领受众从事物的现象入手，认识事物的本质。因此，新闻评论的文本反映的是作者认识事物的直接的思维结构，而不是作者认识事物的原始过程。

从新闻评论的构成因素来讲，评论有三个基本要素：论点、论据和论证。所谓的结构，就是这三个要素的组织形式或者内在关系。

就人们的思维结构来讲，人们常用的思维元素有认识、直觉、概念、判断和推理等。人们认识事物，从基本概念和感性认识出发，到得出结论和做出判断，需要经过一系列的中间环节，这些中间环节按照一定的逻辑组织起来，就形成了人们的思维结构。一

般来讲，人们认识事物是一个从具体到抽象，或者从抽象到具体的过程。反映在推理的逻辑上，从具体到抽象的过程就是思维的归纳过程，从抽象到具体的过程就是思维的演绎过程。反映在行文结构上，其思维的逻辑不一定完全吻合，但是基本上会形成递进式或者并列式的行文结构，当然，讨论有些比较复杂的问题，还可能会出现两种文本结构交叉的情况。因为行文过程除了要考虑思维过程，还要考虑其他因素，比如社会历史因素、行文便捷因素等对文本的影响。

以下是 2017 年 11 月 23 日《新京报》发表的社论，文章先用归纳的方式抽象出论点，然后在论证论点的过程中采用演绎推理的方式得出结论，在行文上，则整体呈现为递进结构，直至最终推出结论。

**依法问责，让“甩锅侠”无处藏身**

近日，四川省雅安市天全县人民政府新闻办公室通报称，天全二中授意家委会组织家长进行“捐资助学”活动，所收款项用于开展课后服务。经调查，学校授意家委会两次共计收款 145.95 万元，现决定退还；教育局副局长被警告处分，该校校长被免职。

几乎是在这个事件被通报的同时，另外一起涉及学校的公共事件也有了初步的结果，这就是湖南益阳桃江县第四中学肺结核疫情事件。根据通报，今年 8 月以来，桃江县第四中学发现肺结核疫情，至 11 月 17 日，已发现肺结核确诊病例 29 例，疑似病例 5 例，预防性服药 38 例。通报中，相关机构和部分责任人也得到了相应的处分。

两起事件几乎在同一时间发布了通报，这是个偶然，不过仔细梳理两起事件从发生到发布通报的整个过程，却能发现不少“共性”。其中一个“共性”就是，两起事件曝光后，一些相关的涉事人或机构，都存在推卸责任、缺乏担当的情况，也就是网民所说的“甩锅侠”。

比如，在四川天全二中的“感恩费”一事中，在当地官方正式的通报出来之前，学校部分老师都还在向前去调查的媒体称：“这个事是家委会倡议捐的，不是我们在授意。”但根据媒体的调查，有人用点钞机向家长收款时，该校多名教师就在现场，学校的老师不仅知晓家委会捐款一事，甚至就是参与者和策划者。

在湖南桃江县的肺结核事件中，也存在类似“甩锅”“丢锅”的情况，尽管谁甩给谁，目前仍待查究。在事件曝光之后，当地的疾控中心相关负责人对媒体称："如果当时学生在开始的时候没有隐瞒身份，那我们可能会采取很多的措施。"可是学生却对媒体说，并没有隐瞒身份，也无隐瞒身份的必要。学校有教师对媒体称，一开始并不知晓有学生得肺结核。学生家长却表示，早在2016年12月，就已经明确告知孩子的班主任实情，孩子得了肺结核，需要请假。如此一来，学生、家长的说法和学校、疾控中心的说法，都存在一定的出入，难分真假。

两起事件，如今官方的通报都已经发出，相关机构和部分负责人也得到了相应的处罚。但老实说，由于事件中部分涉事人缺乏担当的“甩锅”行为，使得两起公共事件至今还是未能完全真相大白，其中到底谁该负什么样的责任，依然不够清晰和精确。

实际上，“甩锅”的直接后果，就是使得事件调查周期延长，事件真相和细节迟迟无法浮出水面，甚至陷入“罗生门”。这也提醒当地相关部门，调查不能止于大而化之的“应付式问责”，也不能偏听涉事者单方面的说辞，应该多方核对、取证，直至最终描绘出事件发生发展的准确过程，并从中找出真正的“卡壳”之处，理清其中每一个涉事人的具体责任。这么做的目的，做到精准问责是次要的，重要的是找出事件的“症结”所在。否则，教训不会真正“深刻”，也很难杜绝此类事件再次发生。

其实，依法问责，找出其中的“甩锅侠”，让他们无处藏身，比简单问责机构的“一把手”重要得多。毕竟，找出事件真正发生的原因，才能找出相应的对策，进而阻止类似事件重现。公共事件中，如果说捂、拖、瞒会掩盖问题，让其不断恶化，那事件曝光之后的“甩锅”者，就是问题出现后无法吸取教训的罪魁祸首。[①]

在这篇评论中，作者从四川省雅安市的“捐资助学”事件和湖南桃江县的“肺结核事件”中抽象出一个共同的特征。“两起事件曝光后，一些相关的涉事人或机构，都存在推卸责任、缺乏担当的情况。”由于当事人的“甩锅行为”，致使有关人员的责任仍不是很清楚，有必要进一步追究，以杜绝类似行为再次发生。接下来，对于进一步追究责任人有什么必要性，文章进一步进行了解读。整个行文过程体现出层层深入的逻辑，这与文章作者的思维结构不完全一样，但是也大致符合作者的思维过程。所以，实际

① 新京报社论.依法问责，让“甩锅侠”无处藏身[N].新京报，2017-11-23.

上是思维结构决定了行文结构，行文结构使思维结构在文本中显现。

## 二、新闻评论结构的三段论特征

新闻评论是一种以传播为目的的文体，首先受到传播效率的制约，这也决定了新闻评论在篇幅上“短小精悍”的特征，一般情况下，新闻评论只有千把字甚至几百字，一些较长的新闻评论也不过两千字。文章越长，其传播效率越低，传播效果也就越差。在这么短的文章内要阐述非常复杂的道理，很难有足够的回旋空间，因此，新闻评论的文本结构一般体现为“提出问题、分析问题、解决问题”或者“是什么、为什么、怎么办”的三段论形式。

下面的文章就是一篇典型的“三段论”式的新闻评论。

**汇报工作不能唯声光电**

“人刚见了面，先看声光电。”近期调研发现，为了在汇报时更好地展现工作成果，部分单位在PPT(幻灯片演示)的制作上下了不少功夫。为了出新出彩，有的单位还专门申请经费，请专业公司负责编辑。PPT越做越“高级”，然而实际工作做得却并没像说的那么好，这种不重实效重包装的倾向，值得我们注意。

用PPT来介绍阶段性工作，直观清晰，同时也有利于干部回顾、梳理工作经验，发现一些平常不大能想到的问题。然而，如果在呈现效果上过于“讲究”，就容易本末倒置，给工作汇报披上形式主义的外衣。不管是把工作设想当成工作业绩来演示，还是把刚起步的工作当作最大的亮点来吹嘘，光鲜亮丽的PPT背后，其实隐藏着“不怕群众不满意，就怕领导不注意”的虚浮心态，长此以往，不仅有可能把实事办虚，更会影响自身公信力，给人留下一种“只会秀，不会做”的不良印象。

再精彩的PPT也需要有实打实的成绩做内容支撑。毕竟，做了什么、取得了什么效果，是大家更为关心的。把好事办好、实事办实，其实就是对工作汇报的最生动呈现。[①]

---

① 于保月.汇报工作不能唯声光电[N].人民日报，2018-01-10.

文章在第一自然段中提出问题，“工作中不重实效重包装的倾向值得注意”；第二自然段分析问题，“光鲜亮丽的PPT背后，其实隐藏着‘不怕群众不满意，就怕领导不注意’的虚浮心态”；最后一段是解决问题，“把好事办好、实事办实，其实就是对工作汇报的最生动呈现”；最后得出结论，应该把工作落实在做实事上。

当然，很多评论不止有三个自然段，但也是大致按照“提出问题、分析问题、解决问题”这一三段论的结构来行文的。

**公招争议“民告官”案何以久拖不决**

日前，有媒体回访曾引发热议的研究生纪元笔试面试双第一，却因“比较文学与世界文学非中国语言文学”而公招落榜事件。徐州市铁路运输法院行政庭表示：该案仍处在审理阶段，双方正在调解。但原告纪元父亲声明：从未向法院表达过答应调解的意思，“法官找我谈了一次，说为了孩子的工作，把她安排到企业，然后让我撤诉，我没愿意。”

如果说去年6月该事件曝光之际，公众主要是惊诧于“白马非马”的荒诞，那此次媒体回访，则让人见识到了公招纠错机制的滞后。

该案受理时间远在2016年8月，至去年6月事件曝光时即已审理超限。《中华人民共和国行政诉讼法》第84条规定：“人民法院应当在立案之日起六个月内做出第一审判决。”可如今都过去一年半了，居然还久拖不决。

涉事铁路运输法院表示：延期审理办理了相关手续。可该案究竟是疑难杂案还是重大案件？符合《中华人民共和国行政诉讼法》第84条规定的“有特殊情况需要延长的”的情形吗？

涉事法院还抛出了“调解”说。但《中华人民共和国行政诉讼法》第60条规定：“人民法院审理行政案件，不适用调解。”

若当事人一方的“撤诉”说法属实，那显然也不太正常：案件受理之后，审理期间，法院职责只是中立裁判而已。撤诉权作为原告诉讼权利之一部分，任何人不得干预。

司法公正向来被称为维护社会公正的最后一道防线，切不可用多个错误为一个错误打补丁。期望该案中的这道防线不会失守，正义不会迟到。[①]

① 于立生.公招争议“民告官”案何以久拖不决[N].新京报，2018-01-21.

该评论有七个自然段，前两个自然段提出问题，即“民告官”案久拖不决反映了“公招纠错机制的滞后”；之后几段分析问题，“民告官”案久拖不决不符合《中华人民共和国行政诉讼法》的有关规定，是不正常的情形；最后一段提出解决问题的思路，司法部门“切不可用多个错误为一个错误打补丁”。

虽然“三段论”有伤新闻评论的文本美感，但是这是新闻评论传播效率的要求。为了使文本看起来不那么呆板，很多评论作者会在文章的开头段落上下功夫，改变第一段引述新闻事件作为由头或者评论对象的惯例，而是通过一段富有哲理的语言暗示文章的中心论点，从而让文章开头部分活起来。这也只是改善一下新闻评论过于呆板的形式，并没有彻底改变“三段论”的结构。比如《钱江晚报》2018 年 1 月 22 日发表的评论《雾炮车用力过猛，轰出数据造假真相》的开头就没有直接叙述事实，而是先暗示了用雾炮车进行数据造假的猫腻。

因为雾霾天气增多，近年来国内一些地方竞相采购价值不菲的雾炮车。雾炮车的工作原理是喷射大量水雾，以降低空气中的污染颗粒物。这么做究竟有没有效果姑且另说，但在有的地方却成了有关部门影响和伪造空气监测数据的利器。

日前，在宁夏石嘴山市就发生了一幕让人啼笑皆非的场景：当地环保局大楼被雾炮车喷射大量水雾后变成一座“冰雕大楼”，大楼外立面被厚厚的冰层覆盖，特别显眼。这背后有什么玄机呢？原来，在环保局大楼里设有一处国家环境监测网空气质量自动监测站点，于是有网友认为雾炮车喷射环保局大楼是为了改善环境监测数据，不料用力过猛，没有考虑到夜间气温降低的因素，留下了造假的证据。

对于此事，石嘴山市环保局还嘴硬声称是因为“水管坏了”，但宁夏环保厅证实，“大楼变冰雕”确因雾炮车喷水改善监测数据所致，相关责任人被严肃追究责任，处分结果已向社会公布。至此，这起闹剧终于有了个明确的说法。[①]

这篇评论虽然在开头摆脱了叙述新闻事实的固定模式，但是就整篇文章来看，仍是“三段论”的布局。第一部分是对新闻事实的叙述和分析，即“大楼变冰雕”是因为雾炮车喷水改善监测数据造成的；第二部分分析了环保局大楼变成冰雕的原因，那就是出于政绩的考虑，地方有关部门的造假冲动太强烈；第三部分，也就是文章的最后一

① 魏英杰.雾炮车用力过猛，轰出数据造假真相.[N].钱江晚报，2018-01-22.

段，提出了解决问题的办法，“既然干扰监测点是出于政绩思维，那么不妨就从政绩考核机制入手，让有心造假的部门和官员即使有‘贼心’也不敢有‘贼胆’”。

三段论的结构虽然在文体上有些简单，但是却能够满足新闻评论传播效率的要求。

## 第二节　新闻评论论证部分的常见结构

所谓结构就是构成整体的各部分的安排和搭配的次序，结构对系统的功能有重要影响。在化学中，金刚石和石墨的构成成分都是碳元素，但是，因构成二者的碳原子排列结构有巨大的差异，造成了金刚石和石墨在硬度上的巨大差异。在新闻评论中，结构的差异对主题的表达同样具有重要的影响。

一般来说，文章的结构讲的就是文章的谋篇布局，即先表达什么、后表达什么、什么样的内容必须放在什么样的地方讲出来，文章的结构合理，有利于主题的呈现。文章的结构也是作者的思维结构在文本中的体现。

人的思维结构大致有两个方向，一个是向广度发展，一个是向深度挖掘。向广度发展的思维是一种横向的思维，具有跨越空间的特性，在文本上表现为并列结构，即构成文章的论据和论证段落虽然按前后顺序排列在文章中，但是在支持论点的地位和功能上是相同的，并没有先后之分。

在认识事物的过程中，向深度挖掘的思维结构是一种纵向思维，具有跨越时间的特性，在文本上表现为递进式结构，即构成文章的论据和论证段落在支持中心论点的地位和功能上有先后之分，前一个论据与分论点是后一个论据与分论点的前提和基础。

不管是并列式结构还是递进式结构，在段落上应该以简单为基本标准，尽量避免较长的段落，一般来说，一层意思构成一个段落。在段落开始的时候，宜用一些引导性或者概括性较强的句子引领整个段落。在不同的论证单元开始的地方，应使用明显的标志性词语或句子，把本论证单元与别的论证单元区分开来，这样做不仅有利于提高评论的表达效率，还有利于清晰划分文章的结构，呈现作者的思维结构。

### 一、并列结构

并列结构是指在论证主体部分，各个分论点的论证单元相互并列，与总论点的关系没有远近之分。即它们在认识的层次和功能上是相同的。[①]

1939年7月7日，正是中国人民抗日战争全面爆发两周年的日子，朱德在《八路军抗战两年来的经验教训》一文中分析了中国军民抗战两年来的经验教训，文章的论证部分就采用了并列的论证方式。文章大致分为三个论证单元：

第一，凡是在党政军民团结一致的地方，我们就能胜利；凡是在发生摩擦的地方，我们就要遭受不必要的挫折。……

第二，凡是在民众运动有成绩的地方，游击战争就能展开，抗战就能胜利地坚持；凡是在民运落后或受挫折的地方，抗战一定要遭受不必要的困难。……

第三，凡是采用灵活的战略战术的战役和战斗，我们大致就能胜利；凡是单纯防御或盲目进攻，就会遭受失败。……

文章采用归纳的方式从三个分论点得出一个结论：

这就是说，只有加强我军的指挥艺术，大大提高军队的素质，才能战胜敌人。也就是说，我们不仅要依靠政治的进步，而且要依靠军事的进步。军事的进步，又需要政治的进步作为保障。我们一定要加强政治的进步，来保证战略战术的提高，一定要争取全国战略的主动，一定要大大地加强全国军队的机械化。[②]

在这篇文章中，前面的三个分论点在论证关系的地位上都是一样的，因为如果调整了各个论证单元的顺序，并不影响得出最后的结论。因此，可以看出，采用归纳式推理论证，文章主体论证部分的各论证单元一般都是并列关系。

从文本特征来看，并列关系的论证单元在段落开始的地方都有明显的词语、句子或者段落作为标志，即一般都使用具有高度概括性或者总结性的句子来引领整个论证单元，使之与别的论证单元区分开来。比如，在《八路军抗战两年来的经验教训》一文中，每一论证单元开始的时候，都用两个以“凡是”开头的判断句概括整个论证单元的论点，作为整个论证单元的标志。

另外，各论证单元呈并列关系的文章一般都会有一个共同的论证指向，那就是中

---

① 马少华.新闻评论教程：第2版[M].北京：高等教育出版社，2012：137.

② 朱德.八路军抗战两年来的经验教训[EB/OL].(2007-09-25)[2017-11-13].http://www.china.com.cn/aboutchina/zhuanti/zgzyldz/2007-09-25/content_8949453.htm.

心论点。该论点要么是在文章开头提出，然后按照各个论证单元的顺序展开论证，文章在整体上呈现先总后分的结构；要么是先分别论证各个分论点，完成对各个论证单元的论证以后，归纳总结出中心论点，文章在总体上呈现出先分后总的结构；还有一种可能是文章开头提出中心论点，然后按照并列的各个论证单元分别论述，最后再归纳深化该论点，文章总体上呈现“总述—分述—总述”的结构。不管怎样变化，中间的论证部分都是并列的关系。

2018 年 1 月 23 日新华网发表的评论文章《宪法修改必须坚持科学方法》就是一篇开篇提出中心论点，然后各个分论点并列出现的文章。

**宪法修改必须坚持科学方法**

宪法修改关系全局，影响广泛而深远，必须坚持科学方法。

宪法修改必须坚持党的领导，坚持中国特色社会主义法治道路，坚持正确的政治方向。全面推进依法治国这件大事能不能办好，最关键的是方向是不是正确、政治保证是不是坚强有力，具体讲就是要坚持党的领导，坚持中国特色社会主义制度，贯彻中国特色社会主义法治理论。

宪法修改要严格依法按程序进行。宪法是党和人民意志的集中体现，是通过科学民主程序形成的国家根本法。宪法修改必须贯彻科学立法、民主立法、依法立法的要求，切实依法按程序进行。

宪法修改必须充分发扬民主、广泛凝聚共识，确保反映人民意志、得到人民拥护。宪法是人民的宪法，宪法修改要广察民情、广纳民意、广聚民智，充分体现人民的意志。

宪法修改要坚持对宪法做部分修改、不做大改的原则，做到既顺应党和人民事业发展要求，又遵循宪法法律发展规律，在总体保持我国宪法连续性、稳定性、权威性的基础上推动宪法与时俱进、完善发展。①

文章首先提出“宪法修改必须坚持科学方法”这一中心论点，该论点成为文章论证的核心，统领全篇。接着，文章分别从“坚持党的领导”“严格依法按照程序进行”“充分发扬民主”“保持宪法的稳定性、连续性和权威性”四个方面论述中心论点中的“科学方

---

① 新华网评.宪法修改必须坚持科学方法[EB/OL].(2018-01-23)[2018-03-06].http://www.xinhuanet.com/comments/2018-01/23/c_1122298220.htm.

法”，各个分论点是明显的并列关系。

2018年1月25日，《环球时报》社评《“人类命运共同体”赢得世界人心》在主体部分也是并列展开论述的。

**“人类命运共同体”赢得世界人心**

一年前的这个时间，中国国家主席习近平出席达沃斯论坛，并在日内瓦出席高级别会议，接连发表吸引了全球舆论的重要演说。除了高举经济全球化的旗帜外，习近平主席还就共同构建人类命运共同体的重大倡议做出阐释，为21世纪国际关系注入崭新理念。

习近平主席刚刚结束瑞士之行，特朗普总统正式入主白宫。后者提出的“美国优先”的口号也从另一个方向震动了世界。

2017年可以说是世界大多数国家逐渐了解、思考构建人类命运共同体倡议，对它的欢迎与接受在国际社会扩散开来的一年。一个突出的标志是，联合国多个文件在这一年载入了“构建人类命运共同体”的表述。但是对“美国优先说”，世界的反应完全是负面的，各国态度大体分为沉默、不欢迎，以及采取抵制行动几类。

展望未来，构建人类命运共同体很可能会成为21世纪持续的正能量，成为经济全球化和政治外交全人类级别上的最大公约数，以及一个不断被充实的共同目标。这是因为：

第一，人类命运共同体的理念反映了人类社会发展到全球化时代不断浮现出来的顶层利益关系。世界前所未有地连接在一起，利益线索无限延长，利益关系的网络化越织越密，每个国家甚至个人都深陷其中。我们牵动着遥远的、可能永远不会谋面的人，也被遥远的力量牵动着。

第二，人类面临越来越多的全球性问题，诸如气候变化、恐怖主义、网络安全、重大传染性疾病，等等。它们的威胁不问国界，应对它们必须依靠国际合作。与此同时，各国的发展不再可能闭门造车，即使搞贸易保护主义，很多时候也不是为了闭关锁国，而是要通过破坏规则强行让自己在国际贸易中的地位变得更加有利。

第三，中国带头推动构建人类命运共同体的实际行动都是积极和建设性的，尤其是“一带一路”，所有参加国都从中受益。即使最挑剔的西方舆论精英也无法给人类命运共同体的理念贴乱七八糟的地缘政治标签。在有中国持续加注动能而反对者无旗可举的情况下，这个理念会像滚雪球一样汇集起人类社会的积极力量和行动，勾勒出一个趋势。

第四，华盛顿这时宣扬“美国优先”，反衬了构建人类命运共同体的魅力。后者主张平等和互利共赢，而前者是赤裸裸的国家自私。无论构建人类命运共同体的过程有多艰难，做这样的推动肯定比公开倡导“大国自私有理”要受欢迎得多。人类的道义都非一蹴而就，但那些道义显然不是自私自利张扬到极致的结果，而是由善意行动积累而成的。

第五，命运共同体已经成为很多国家内部社会的广泛共识。从大历史角度看，全人类很可能站在构建超级利益共同体和稳定世界秩序的门槛上，一些关键的突破正在孕育中。

习近平主席一年前在瑞士倡导构建人类命运共同体，实为在时代的关键路口顺应历史大潮流的振臂一呼。习近平的倡议充满正义感、责任感以及历史感，它除了让人眼前一亮，更重要的是让人越思考越有道理，当对比世界治理的很多主张之后，公众更觉得它是人类最合理，也最现实的选择。

达沃斯世界经济论坛年年都开，很多大人物在瑞士留下了豪言壮语。但那些口号大多像流星一样闪过。构建人类命运共同体是人类社会大思考的一次跃升，它产生于中国，在瑞士落地，并从那里走向世界。①

这篇社论在开头部分首先引出中心论点：在 2017 年，世界大多数国家逐渐了解、思考构建人类命运共同体倡议，对它的欢迎与接受在国际社会扩散开来，与此同时，世界各国对“美国优先说”的反应则是负面的。那么，为什么会出现这样的现状呢？在接下来的论述中，作者列举了五个方面的原因作为论点的支撑材料，这五个方面的原因就是并列展开的，文章使用了明显的序列标志：第一、第二等。最后两个自然段总结了前面列举的五个原因，重申了文章的中心论点。总体来看，文章呈现出“总述—分述—总述”的结构，论证部分，即文章的分述部分则采用了并列结构。

在论述部分并列的各个论证单元一定要注意围绕着中心论点选择论据，展开分论点，不能在并列的各个段落中提出与中心论点无关的材料。

---

① 环球时报社评．“人类命运共同体”赢得世界人心[N]．环球时报，2018-01-25．

## 二、递进式结构

对有些事物的认识并不是在同一个层次上完成的,需要一个由此及彼、由表及里、由浅入深、由现象到本质的认识过程。这样的认识过程决定了逐层深入的认识结构,即第一层次的分析必须建立在公众认可的道理之上,或者毫无争议的事实之上,接下来的每一个层次的分析都要建立在上一个层次分析的基础之上,离开了上一层次的分析,下一层次的分析就失去了基础。通过这种逐层深入的分析,达到对事物本质和意义有一个比较深刻的认识的目的,这种认识结构在文本上就表现为递进式结构。

**用最严"湖长制"管好一池春水**

(第一段)日前,中办、国办印发《关于在湖泊实施湖长制的意见》,要求各省区市要将本行政区域内所有湖泊纳入全面推行湖长制工作范围,到 2018 年年底前全面建立省、市、县、乡四级湖长制。

(第二段)继 2016 年年底全面推行河长制之后,湖长制浮出水面顺理成章。河流也好,湖泊也罢,本为一体,都是大自然的血脉,是江河水系、国土空间和生态系统的重要组成部分。保护好流动的河流固然不容易,而湖泊相对静谧、封闭,一旦水面被侵占、水体被污染,保护修复的难度会更大。唯有一体保护,将江河水系都纳入最严监管之下,才有可能真正实现绿水青山、碧波荡漾的宏大愿景。

(第三段)此番中央出台实施湖长制意见,一方面表明国家将继续严控湖泊水域空间、管护湖泊岸线、强化湖泊水资源保护和水污染防治;另一方面,也是一种有针对性的精准施策,即通过明确地方党政负责人的监管责任,健全以党政领导负责制为核心的责任体系,落实属地管理,将湖泊保护与政府施政紧紧捆绑在一起,从而管好点缀在广袤国土上那一池池春水。

(第四段)事实上,一直以来,各地在保护湖泊上出台了各项举措,但效果似乎并不明显。据披露,长期以来,一些地方围垦湖泊、侵占水域、超标排污、违法养殖、非法采砂,造成湖泊面积萎缩、水域空间减少、水系连通不畅、水环境状况恶化、生物栖息地破坏,湖泊功能严重退化。

(第五段)这其中一个关键性的因素就是,地方在施政行为中并没有真正严守红线。以"百湖之市"武汉为例,多年来,当地先后出台多个地方法规与政府规章,各项措施不可谓不严厉，然而，官方公布数据显示，武汉城区湖泊已从127个锐减到38个，平均每两年消失3个湖泊。令人痛心的是，那些消失了的湖泊，大部分经过了规划审批。

（第六段）可见，湖泊保护的关键仍在于约束权力，遏制各种以发展开发、公共利益为名推动的破坏湖泊行为。当生态保护与经济诉求出现冲突时，必须从生态文明的高度守住环境红线与底线。不仅要对在职的湖长实施严格的考核问责，更要实施生态环境损害责任终身追究制。可以说，只有精准落实责任，才有可能真正健全湖泊执法监管机制。

（第七段）在这个问题上，已经施行一年多的河长制可为镜鉴。据悉，目前，全国各省市区的绝大多数河流都实现了有人管、有制度管的新局面。其中，在先行推行河长制的地区，如浙江、福建等地，效果更为明显。从2013年年底开始推行河长制，4年来，浙江基本上消除了黑臭水体；福建推行河长制3年多来，目前全省12条主要河流水质保持为优，其中Ⅰ、Ⅱ类的优质水占到50%。

（第八段）当然，也应该看到，湖泊保护并非易事，除了经济发展的约束外，还涉及入湖河流的水质、不同行政区之间的沟通协调等，因此，此次中央文件也强调要建立顺畅的沟通协商机制，强化流域规划约束，统筹做好湖泊管保工作。而无论面临的困难有多大，也要坚定构建责任明确、协调有序、监管严格、保护有力的湖泊管理保护机制。这不仅关乎湖泊保护的成色，也关乎河流保护的成效，更关乎美丽中国的尽早实现。①

文章第一段叙述事实，提供评论的由头，引出评论的对象“所有湖泊纳入全面推行湖长制工作范围”；第二段在第一段的基础上陈述“湖长制”出台的背景；第三段在第二段的基础上论述“湖长制”出台的现实意义。前三段作为一个论证单元，评述了“湖长制”出台的背景和意义，为后面的论证单元打下了基础。从第四段起，文章开始了一个新的论证单元，即在现实中，我们对湖泊的利用和管理存在很多问题，造成了一些恶果；第五段在第四段的基础上分析了造成目前恶果的关键性因素，那就是在地方施政中无视湖泊保护的红线，造成湖泊数量急剧减少，湖泊功能退化；第六段在第四段和第五段的基础上得出一个分论点：“保护湖泊的关键在于约束权力，落实监管责任，才有可能真正健全湖泊执法监管机制。”在前几段论述的基础上，第七段进一步评述了“河

① 胡印斌.用最严“湖长制”管好一池春水[N].光明日报，2018-01-08.

长制”实施以来的经验可以作为实施“湖长制”的镜鉴。在前面评述的基础上，第八段得出结论，“湖长制”的顺利实施还要求建立顺畅的协商机制、明确的责任制度，以及统筹做好湖泊管理工作。

使用递进式的论证结构要用好表示转折或承接的词语、段落和句子，注意段落之间的转折或承接关系，使不同的论证层次有明显的区分标志，这样能够比较明确看出文章的起承转合关系，有利于读者准确把握作者的论证意图和论证思路，提高文章的传播效率。比如，在上面这篇文章的行文中，“继 2016 年年底全面推行河长制之后，湖长制浮出水面顺理成章”“事实上，一直以来，各地在保护湖泊上出台了各项举措，但效果似乎并不明显”“这其中一个关键性的因素就是，地方在施政行为中并没有真正严守红线”“可见，湖泊保护的关键仍在于约束权力，遏制各种以发展开发、公共利益为名推动的破坏湖泊行为”等段首的句子，对划分文章的论证单元都具有重要的标志意义，对句子所在段落也具有较好的引领和总结作用，有助于人们把握文章段落间的论证关系。

当然，有一些递进关系并不一定有明显的起承转合标志，但是，文章在论证中心论点的时候提供的材料之间却具有明显的承接或者递进关系，后一个层次的问题是在前一个层次的问题的基础上提出的，或者后一个问题是对前一个问题明显的深化，这样不同的论证单元之间也就形成了逻辑或者意义上的递进关系。

2017 年 12 月 29 日，有游客发文称《雪乡的雪再白也掩盖不掉纯黑的人心！别再去雪乡了！》。这名游客在该文中表示，自己与家人 2017 年 12 月 9 日在雪乡赵家大院预订一间三人火炕房，计划 27 日入住，支付了两晚的房费共 552 元。

但当他们到达赵家大院时，店家却告知三人火炕房只能住一晚，第二晚安排他们到很多人一起睡的大通铺，并表示：“今晚住这房我都没让你们补差价算不错了！现在这房八百一千随便订出去，你们订得早才便宜。”

这名游客与家人商议后决定只住一晚，但对后续退款问题，店家又称三天之后才退钱，并要求在网上评论时不能“乱说”，看到评论后才能退钱。

该游客还提到，游客中心泡面卖 60 元一盒，大巴车乘务员忽悠游客购买的游玩项目其实是毫无经营权的民设景点，一盘炒肉卖 288 元，一小杯红糖水卖 15 元等问题。

此文一经互联网传播，立刻引发了舆论的热议，有批评经营者黑心宰客的，有批评政府部门监管不力的，有分析产生如此黑幕的社会原因的，也有为改善雪乡的形象出谋划策的。

2018 年 1 月 5 日,《新京报》刊登了一篇评论:《雪乡旅游症结到底在哪里?》[①],分析了雪乡旅游破局的关键问题。文章如下:

新年伊始,一篇名为《雪乡的雪再白也掩盖不掉纯黑的人心!别再去雪乡了!》的网帖火了,一时间对雪乡的讨伐铺天盖地。

传播学上有个说法叫“沉默的螺旋”,大意是说,如果大家都在表达一种相同的观点,那可能被孤立的观点就宁愿选择沉默。对于雪乡,大概现在正是“墙倒众人推”的时候,表达愤怒和批评是一种潮流所向。这种集体的愤怒,在将雪乡推向深渊。

雪乡有可能会被毁灭吗?有。被谁毁灭?大多数人会说是被雪乡人自己。我想说,也有可能是会被点燃、被引导、被激化的大众的情绪。

这种情绪已经不是一天两天了。黑龙江知名的旅游达人冰城馨子老师告诉我:她写过、赞美过那么多地方,从来都是别人为她点赞,当她写了雪乡,且说“雪乡变得越来越好”时,被很多人在评论里给骂了。所以,我在写这篇文章的时候,也做好了被骂的准备。

文章在开始提出几个问题,并提出了自己对这些问题的基本看法:雪乡有可能会被毁灭,既可能会被雪乡人自己毁灭,更有可能会被受到误导和煽动的大众情绪所毁灭。在论证部分,作者讨论了四个问题,它们涉及“雪乡宰客”问题中舆论关注的四个方面。虽然文章使用了并列的形式列举了四个方面的问题,但是,这四个方面与主题的关系在认识功能上是不一样的,在支持论点方面,其功能也是不一样的,没有前面一个问题的解答,后面一个问题的提出就显得有些突兀,而且在逻辑上也是难以自洽的。

和大家讨论几个问题。

第一个问题:雪乡有错吗?

肯定有,且错得不是一天两天了。雪乡的“黑心”“宰客”“坐地涨价”等新闻每年都见诸媒体和网络。某种意义上,雪乡是旅游界的“暴发户”,近些年在摄影师、综艺节目、网络的助推下,迅速蹿红,但雪乡旅游的服务却没有跟上知名度的暴涨,欺客宰客的事件频发,让雪乡蒙上了“黑心炕”的骂名。

① 葛磊.雪乡旅游症结到底在哪里?[N].新京报,2018-01-05.

第二个问题：是所有雪乡的人都错了吗？

在此次事件中，有个被隐去姓名的雪乡工作人员，他对《雪乡的雪再白也掩盖不掉纯黑的人心！别再去雪乡了！》的作者留言如下：

“雪乡经历了18年的发展，从默默无闻到全国闻名，我们林区的三代人付出了很多的艰辛才取得了今天的成就，我们承认2014年天然林全面停伐之后，林区人民一下子从第一产业过渡到第三产业，存在着一些问题，伐木到服务，我们一直在学习和进步。”

“我们的管理者、经营者、服务者并非一无是处，每天工作到凌晨，4个月的时间周而复始，过年不能陪在亲人身边，雪花沁透了执法队员和景区民警的棉衣，但他们依然坚守在街上，严格执法，热情服务。我今年28岁，我的孩子9个月大，我不能陪在她身边，我一个月工资2,200，和我一样的同龄人有好多奋斗在旅游一线，我们为了什么？就是为了家乡更好，我以个人的名义，请求您，给我一次(道歉的)机会。”

我只是想从中为大家解读几个信息：

其一，雪乡的主体经营者是“失业”的林区工人(有的林区工人把房子租给了外来者经营)。在全国性的停伐之后，这些远处偏僻山林的、习惯了干体力活的“粗人”，猛然干起了服务业，拐弯有点大，但旅游对于雪乡而言，绝对是个民生产业。

其二，雪乡在努力扭转“黑心”的形象。网络可以查到雪乡近年的“严厉整顿”措施。我了解的，雪乡用了一个最“笨”的方法——组建了几十人的工作组，一个人包十家，严堵违规经营。雪乡依然有害群之马，但可以肯定的是，越来越少了。就事论事没问题，但不应给所有的雪乡人戴上一个永久的“黑心”的帽子。

第三个问题：只是雪乡错了吗？

肯定不是。雪乡的“黑”，是一种现象，甚至是一种规律。这种黑在云南的丽江、在海南的三亚，都不鲜见。

中国的旅游，之前长期处在观光游阶段。尤其在旅游热点地区，游客蜂拥而来，游客与目的地的关系是“一期一会”——游客和目的地都潜意识里认为彼此的相遇只有一次，没有足够的时间建立信任。

于是，目的地对游客实施了多发的、整体性的欺骗式消费，而游客也往往对目的地缺乏足够的了解和尊重。游客和目的地之间，逐渐形成了一种相互戒备的“博弈”关系，目的地的商家各种耍心机，游客各种躲陷阱，旅游的过程相当不轻松。

随着旅游逐渐成为人们的一种生活方式，旅游目的地也在由消费升级倒逼进行供给侧改革，旅游者和目的地之间的关系必然会经历一个重构的过程。无论对目的地还是对旅游者来说，都要履行“负责任”的旅行，力求建立一种相互信任的关系，包括雪乡在内，这是一个必经的发展方向。

第四个问题：雪乡该如何纠错？

不少人说，哪儿不能看雪啊，非要到雪乡去！在这里，作为一个资深旅游者，我可以负责任地说：中国，乃至世界，只有一个雪乡。

雪乡的雪有极为独特的审美意义，不只是大——阿勒泰的雪和俄罗斯的雪比雪乡不知道大到哪里去——而是一种惊人的美，由于自然的造化，雪乡的雪黏稠度极高，能够随物赋形，形成奇异的雪蘑菇、雪桌子、雪豆腐……所以，雪乡的未来不愁没有游客，因为它是稀缺的、具有唯一性的资源。

关键在于，雪乡的未来选择一种什么样的发展模式。国内最成功的度假区，乌镇和古北水镇算两个范例，而这两个项目最核心的成功经验，就是公司化的统一建设、管理和经营。这种模式适合雪乡吗？适合，但很难。因为乌镇和古北水镇在进行开发之前，已经由政府出面解决了产权问题，为后续的整体商业开发奠定了基础。

雪乡的房屋产权在百姓手中，周边林业产权归属于森工总局，且雪乡的开发不仅受到产权的制约，还受到林业保护法规的制约。所以，没有一个政府主导的大的体制破局，没有一个有魄力的商业开发主体，都难以走通这条路。

这四个问题中，第一个问题是说雪乡人有错，旅游服务质量没有跟上雪乡出名的速度；第二个问题是说“雪乡宰客”事件反映的只是个别人的错，不能以偏概全，认为整个雪乡人都有错；第三个问题是说“雪乡宰客”事件在其他景区也发生过，是一个全国性的问题，建立“负责任”的旅行是必然的发展方向；第四个问题分析了雪乡的纠错机制，雪乡景色的唯一性和产权改革的艰难性决定了雪乡纠错的艰难过程。这四个问题是按照步步为营的推理方式提出来的，前一个问题成为后一个问题提出的前提和基础，如果把这四个问题的顺序随意颠倒一下，文章在论证结构上就会显得混乱。

紧接着，作者提出了雪乡旅游破局的关键性措施，这些都是在上面四个问题的基础上得出的结论：

对整个黑龙江而言，雪乡的游客接待是有天花板的，破局的关键在于：一方面，要实现雪乡的业态和服务升级，增强游客满意度，让游客心甘情愿多花钱。

另一方面，要打造更多的“雪乡”，更多冰雪旅游的新秀目的地，比如漠河的北极村、齐齐哈尔的雪地丹顶鹤、伊春的冰雪森林……这些还都鲜为人知，多推推这些地方，会给黑龙江的冰雪旅游带来更广阔的发展空间。

所以，各个论证单元的递进关系实际上是递进推理的思维结构在文本上的反映，即使形式上并列的段落关系，在论证结构上如果有明显的前后承接关系，那么，这样的段落在论证关系上也是递进的。

**思考与练习：**

1.举例说明新闻评论的文本结构与思维结构是什么关系。

2.新闻评论的文本结构呈现出“三段论”特征，即“提出问题—分析问题—解决问题”，这样简单的结构明显削弱了文本的美学特征。根据你的理解说一说，新闻评论为什么要保持这种“三段论”文本结构。

3.新闻评论论证部分的文本结构包括并列式与递进式两种基本类型，举例说明并列式结构有哪些文本特征。

4.阅读下面的评论，看看文章论证部分段落之间的关系如何？这种结构有什么特征？

### 用实力打破“傲慢与偏见”

在2月22日的平昌冬奥会短道速滑男子500米决赛中，中国选手武大靖以39秒584的成绩打破世界纪录，并夺得冠军。这是中国代表团在本届冬奥会获得的首枚金牌，也是中国男子短道速滑在冬奥会历史上的首枚金牌，实现了历史性的突破。

这还没结束。在随后进行的男子5,000米接力比赛中，由武大靖、韩天宇、许宏志、陈德全组成的中国队以6分32秒035的成绩夺得亚军，这也创造了中国队在冬奥会该单项上的历史最好成绩。

解气！更霸气！赛后，武大靖在谈及夺金时说道：“赢就赢在不给对手和裁判机会。”如果放在以前，估计很少有人能读懂武大靖这句话，但在这次平昌冬奥会，却又找不到比这更贴切的“画外音”——被外界视为“王者之师”的中国短道速滑队，在平昌遭遇了太多遗憾和不公：八次被判犯规；女队接力申诉被驳，原因竟然是“过了时间点”；三朝冬奥会元老周洋频频摇头，说在平昌已经看不懂短滑；连一向低调内敛的主教练李琰，都“出离愤怒”地表示希望裁判能给所有参赛队统一判罚尺度。

而在整个平昌冬奥会男子短道速滑1,000米比赛中，三位中国选手韩天宇、任子威、武大靖全部以犯规出局告终。几乎同一时间，短道速滑女子1,500米半决赛，韩国选手金雅朗疑似犯规却未被判罚。这场景，让短道项目解说员刘星宇也无奈表示：“这就是平昌！韩国队的主场！”当镜头给到武大靖时，他更是不甘地说：“已经领先了，没想到会这样……”

“没想到会这样……”现在听来，它不是一句离场的憾言，而是收拾落寞之后的再战。竞技场上，最痛苦的不是失败，是“我本可以！”再次走进短滑赛场的武大靖，压力不言自明。但让中国和韩国观众都没想到的是，武大靖最终以统治级的表现碾压全场，不给对手更不给裁判任何机会。赛后，连韩国媒体都感叹“武大靖刷新世界纪录，已经突破人类极限。他是冰面上的博尔特！”赞美之词溢于言表。

干干净净地赢得比赛，彻彻底底地赢得尊重。从短道速滑的竞技角度来说，武大靖的夺冠方式几乎是不可复制的，也是极其特殊的。短道速滑的魅力在于，通过层层预赛脱颖而出的优秀运动员们，在实力相差无几的情况下，大家比拼着弯道上的超越，以及直道上的加速，在毫厘之间“决战千里”。至于最终的冠军得主，用周星驰电影《大话西游》里的一句经典台词来说，就是“我只猜中了开头，却猜不中这结局”。2014 年索契冬奥会上，中国选手李坚柔神奇地夺冠，就是明证。

但在平昌这个韩国的主场，一切又不一样。毫厘之间的身体正常接触，就有可能成为“犯规”的证据。为了让“没想到会这样”不再重演，唯有打破短滑赛场上毫厘之争的常态，不再博弈于穿插跑位的技术运用，而是用一骑绝尘的绝对实力来“杀死比赛”。武大靖是这样想的，也是这样做的。

一骑绝尘的绝对实力，哪是轻轻松松、敲锣打鼓就能“附体”的？七年前，武大靖还仅仅是女队陪练，每天的日常，是“长距离周洋过我，短距离范可新过我，自尊心都在受着打击”。但就是这样一个年轻人，不断地用刻苦训练来证明自己——先是从女队陪练做起，逐渐成长为一队主力，直至短距离核心。默默无闻的“小角色”逐渐变成“顶梁柱”，这是一个运动员的“自我修行”。而从曾经追逐周围女运动员的“尾灯”，到世界顶级男运动员里的一马当先，武大靖更是用自己拼搏的青春，书写了不一样“弯道超车”。

“还不行？咱接着干！”体育竞技场上，早就明摆着没有任何捷径可走，而他人主场上的裁判尺度，更成为某种不可控的场外因素。但无须拔剑四顾心茫然，至少，我们身上还有平日里艰苦训练出来的那一份自信和底气。“别想太多，一轮一轮拼着来。”只有拼，才能杀出重围，才能舍我其谁。正是这种拼搏的青春，书写了武大靖的人生传奇，更让冬奥会那份纯粹的竞技之美实至名归。

对于平昌冬奥会，我们是有遗憾。如果，1,000米速滑赛道上，武大靖没有受到裁判“傲慢与偏见”式的判罚，或许我们能更早地享受到“武式速度”的风驰电掣。但还是那句话，竞技体育就是这样，它的结果不以人的意志为转移。让我们感到期待的是，四年之后，我们将在北京冬奥会上再睹中国健儿们的中国速度。而那是我们的主场，更是公平竞技的主场，是一切都像冰雪一样纯洁的主场。①

---

① 谢伟锋.用实力打破“傲慢与偏见”[EB/OL].(2018-02-24)[2018-03-01]. http://pinglun.youth.cn/ttst/201802/t20180224_11437622.htm.

# 第八章　新闻评论的论证

## 第一节　立论和驳论

一般来讲,新闻评论由三个基本要素构成,即论点、论据与论证。在前面的章节中,我们已经谈到了新闻评论的论点和论据,下面我们就谈一谈新闻评论的论证。所谓论证,就是用论据证明自己论点的过程。从论证的角度来讲,新闻评论的论证方法可以分为两大类:一类是作者直接从正面论证自己观点、意见和态度的正确性,这种论证方法叫作立论;另一类是作者通过论证别人观点的谬误性,批驳对方,从而树立自己的观点,这就是驳论。立论和驳论是新闻评论中两种基本的论证方法。

### 一、立论

所谓立论,就是针对某一新闻事件或者新闻现象,评论作者直接提出自己的立场、意见、观点或者态度,并运用一定的方法和手段来证明自己的主张是正确的。在立论中常用的方法包括事例论证、事理论证、比较论证等。事例论证就是在论证中运用某个典型事例论证作者观点的方法;事理论证是运用已经被证明是正确的或者已被普遍接受的某个道理来证明和支持作者观点的论证方法;而比较论证则是将具有不同性质的两个事物进行比较,或者将相同、相似的事物在不同的条件和环境下的表现进行比较来证明作者观点的方法。

**让电子鞭炮告别“野蛮生长”**

在很多城市对烟花爆竹“禁放”或“限放”的情况下，电子鞭炮已悄然进入市场销售。据报道，这种“搞声音，造氛围”的生意日趋火爆，但看似安全的电子鞭炮，似乎也是“危机四伏”——由于生产门槛低、标准缺失，很多产品设计之初未考虑安全因素，存在质量安全风险。

鞭炮被认为是年味的组成部分。但由于传统鞭炮会对空气造成污染，碎纸屑会影响环境，加上制造了不少安全事故，禁放城市已越来越多。这也给电子鞭炮生产商、销售商以巨大商机，部分城市也公开鼓励电子鞭炮替代传统鞭炮。

但目前看，被渲染为“既环保又安全”的电子鞭炮，并没有那么安全。从碎片式报道来看，有些安全隐患不容忽视：如去年1月，上海市质监局组织开展的电子鞭炮产品质量安全风险监测结果显示，95%的电子鞭炮产品样品与参考依据标准不一致，质量安全令人担忧。

由于目前我国实施的《烟花爆竹安全与质量》中并未涉及电子鞭炮，电子鞭炮也没有行业标准，即便个别地方组织开展了电子鞭炮产品质量安全风险监测，也只能参考其他电子设备、灯具等的标准。调研人员发现，从风险监测数据分析，电子鞭炮不符合的项目大多为基础的安全项目，可产生触电甚至着火等灾难性的危险。

在电子鞭炮取代传统鞭炮形势明朗的背景下，窃以为，把电子鞭炮关进“标准笼子”“制度笼子”“监管笼子”很有必要：要么把电子鞭炮的生产标准纳入《烟花爆竹安全与质量》中，要么为电子鞭炮单独制定生产标准。另外，相关部门也要把电子鞭炮纳入监管职责范围内，春节期间进行重点监管。

现实需求刺激下的电子鞭炮行业，不能总处于标准、制度等缺失的状态。虽然网上未查到太多类似安全事故，但监管可“先知先觉”，让电子鞭炮尽早从“野蛮生长”回归“健康成长”。①

文章从电子鞭炮的发展存在着质量安全风险这个基本的观点出发，通过举例证明了电子鞭炮的不安全性。例证一：去年1月，上海市质监局组织开展的电子鞭炮产品质量安全风险监测结果显示，95%的电子鞭炮产品样品与参考依据标准不一致，质量安全令人担忧。例证二：我国实施的《烟花爆竹安全与质量》中并未涉及电子鞭炮，电

---

① 张海英.让电子鞭炮告别“野蛮生长”[N].新京报，2018-02-04.

子鞭炮的生产没有行业标准。因此，为电子鞭炮的生产和销售设置标准和制度，将其纳入监管范围就是顺理成章的事情，自然地推出了作者的中心观点。

总体来说，立论文章的论证过程就是证明自己的观点正确的过程，无论采用什么样的论证方法，都要为自己的观点服务。

## 二、驳论

驳论就是论证对方观点不正确的论证过程，驳论的方法有三种：第一种是直接指出对方观点的错误，第二种是指出对方论据错误或者论据不充分，第三种是指出对方论证逻辑的错误。

2018 年 2 月初，美国时任国务卿蒂勒森展开对拉美五国，即墨西哥、阿根廷、秘鲁、哥伦比亚和牙买加的访问行程，在前往拉美途中，他在得克萨斯大学奥斯汀分校发表演讲称，拉美地区"不需要新帝国主义列强""中国正在拉美地区站稳脚跟，它正利用其经济影响力将这一地区纳入自己的势力范围"。蒂勒森称，他试图更好地界定美国"在自己的半球"的战略。针对蒂勒森的演讲，《环球时报》发表社论《美诋毁中拉合作，警惕"新门罗主义"》。

**美诋毁中拉合作，警惕"新门罗主义"**

美国国务卿蒂勒森星期四竟指责中俄在拉丁美洲扮演了"新帝国主义列强"的角色。前往拉美访问途中的蒂勒森当天在其母校得克萨斯大学奥斯汀分校演讲时，警告拉美国家不要过度依赖与中国的经贸联系，他指责中国正通过不公平贸易在拉美站稳脚跟，利用自己的经济影响力将该地区纳入中国的势力范围。

他提到，中国是智利、阿根廷、巴西和秘鲁最大的贸易伙伴国，表示要确保国家主权不受到"潜在的掠夺者"侵害，需要有"强大的制度"和"负责任的政府"。

自己的国家被扣上"新帝国主义列强"的帽子，恐怕所有中国人都会感到十分诧异。我们的问题是：中国在拉美既没有一处军事基地，也未向那些国家派驻一兵一卒。中国就是与拉美国家做生意，而且所有经贸合作都是拉美国家支持的，建立在中拉平等互利的基础上，"新帝国主义列强"从何谈起？

对中国是"新帝国主义列强"的说法，拉美国家也会嗤之以鼻。在盖洛普的一项最新民调中，中国在拉美的被接受度不断上升，美国则在下降。

中国对拉美的基础性态度就是尊重，中拉经贸合作的首要原则是互利共赢，而美国长期视拉美为自己的“后院”，美国舆论对拉美的这一公开喻称包含了深深的鄙视。

自2013年以来，中国国家主席习近平三次前往拉美访问。特朗普上任以来还没去过拉美，蒂勒森在过去一年里多次去欧洲和亚洲，现在才想起来要访问一下拉美。

拉美国家尤其不满的是，特朗普政府在移民政策上将拉美国家置于低人一等的地位，特朗普总统上任后立即着手推动在美墨边界修墙的计划，他不久前被曝指责一些穷国是“烂国家”，其中就包括拉美的海地和萨尔瓦多。拉美裔移民在美国的社会地位低下，美国人一说非法移民，首先想到的就是拉美人，这些都严重伤害了拉美国家的自尊。

蒂勒森的讲话大概与华盛顿近来反复称中俄是对手，宣扬世界重新回到大国竞争时代有关，是美国调整战略思维的一个具体表现。如此诋毁中俄与拉美国家的合作，莫非美国要搞“新门罗主义”吗？

然而“门罗主义”的时代一去不复返了。拉美国家都巩固了现代国家主权，它们热衷于经济社会发展，很多国家抱有自己的经济与政治雄心，它们不希望和美国或任何其他大国是依附关系，更愿意发展全方位外交，它们讨厌在接受外来援助时被附加不可接受的政治条件。

美国自冷战结束以来长期轻视拉美，向那一地区的投资呈总体上的退潮之势。蒂勒森在星期四的讲话中诋毁中国对拉美的投资方式，但他对美国接下来能为拉美国家做什么，说得十分空洞。比如他宣称美国寻求与拉美成为“具有共同价值观的伙伴”，支持拉美“日益扩大的民主治理和自由市场”等。

特朗普政府致力于重建美国的制造业，极力促使美国企业投向海外的资金重回美国，去年特朗普总统发推特表示，他亲自说服了福特公司放弃在墨西哥投资建厂的计划，促使该公司将资金投回美国。如今的美国致力于从世界各国搜刮利益，它帮助拉美国家发展经济的意愿和能力令人高度怀疑。

自己不帮助拉美国家发展，还反对拉美国家与中国建立活跃的经济联系，这是顽固地视拉美为美国后院的过时思维，等于让拉美做美国繁荣的牺牲品，美国想什么时候使用就什么时候使用，想用多少就用多少，不使用的时候就该荒着。

蒂勒森挑拨离间的讲话无论对美拉关系还是美中关系都非常缺乏建设性，对中拉合作势头则产生不了任何影响。当然，这是否意味着美国会在拉美采取破坏中拉合作的实际行动，比如促使与中国经济合作规模大的拉美国家动荡，通过非政府组织煽动针对中资公司的闹事等，则值得警惕。如果美国把其拉美政策的重点放在破坏中拉合作上，那将是另一个故事，相信拉美国家都将反对。①

文章首先反驳了蒂勒森警惕中国和俄罗斯等“新帝国主义列强”的观点，然后用举例的方法说明了蒂勒森观点的谬误性，即“中国在拉美既没有一处军事基地，也未向那些国家派驻一兵一卒。中国就是与拉美国家做生意，而且所有经贸合作都是拉美国家支持的，建立在中拉平等互利的基础上”。这完全不符合帝国主义列强通常的做法，因此蒂勒森的观点是不对的。

中拉关系越来越紧密，美国在拉美的被接受程度则在下降，特朗普总统上任后立即着手推动在美墨边界修墙的计划，他被曝指责一些穷国是“烂国家”，其中就包括拉美的海地和萨尔瓦多，这严重伤害了拉美国家的自尊，以上也都是通过具体事例论证了蒂勒森所谓中俄是“新帝国主义列强”的观点是错误的。

在后半部分，文章分析了蒂勒森讲话精神的实质是一种新的“门罗主义”，无论是对美拉关系还是中拉关系的发展都不具有建设性。

本篇文章直接指出对方观点的谬误性，属于典型的驳论性文章。

有一些驳论性文章只是要驳倒别人的论点，还有一些驳论性文章在驳斥别人论点的过程中，还要论证自己的观点，属于边驳边立的论证方法。

2018 年 1 月 8 日，《南方都市报》发表的评论《“司法资源”应纳入整体社会成本核算》，就是一篇边驳边立的新闻评论。

**“司法资源”应纳入整体社会成本核算**

一场官司引来轩然大波。日前，某“职业打假人”带着公证员购买 10 箱茅台并封存，随即以假冒产品为由将销售者诉至法院，要求退赔购物款并 10 倍赔偿。该案购买者被认为系职业打假人而非消费者，故其 10 倍赔偿诉求不被支持，相关诉讼被认为“造成司法资源的巨大浪费”。

---

① 环球时报社论.美诋毁中拉合作，警惕“新门罗主义”[N].环球时报，2018-02-03.

所谓“知假买假”，也被称作职业打假，类似行为该不该得到鼓励，已经不止一次在舆论层面引发热议。正如此次个案中多次提到立法初衷一样，探讨法律对待特定主体的态度应当全局把握立法所要维系的根本价值，不论是现行的《中华人民共和国消费者权益保护法》还是《中华人民共和国食品安全法》，其初衷都不外乎对社会整体秩序和利益的捍卫。正如中国人民大学杨立新教授所言：“否定职业打假的合法性，受益最大的群体是制假者、销假者，会使假冒伪劣商品继续泛滥，对社会不利。”

《中华人民共和国食品安全法》设立“10倍价款赔偿”制度的初衷是保证食品安全、保障公众身体健康和生命安全，确立的是一种侵权责任形态。个案中假冒品牌白酒所侵害的权益则不独有购买者个体，还有依法生产品牌产品的厂商，更重要的是社会群体的食品安全，公众生命因产品质量缺陷而身处危局。职业打假人在具体诉讼中的巨额索赔，从社会治理角度看，不仅是个人因此获利，更是对制售假冒伪劣产品行为生效且具体的社会惩罚机制，某种程度上也是一种举报，有关部门实应据此线索启动调查，展开整治行动。

市场上假冒伪劣产品泛滥，所侵害的是社会成员的群体公共权益，国家对其的打击必然产生相应的制度成本，而在此之外是否能够忍耐所谓职业打假人群体在打假过程中的部分牟利行为，则事关立法、司法层面如何评估和判断制售假冒产品本身的社会危害性，且应基于对前者的价值风险判断来取舍对待职业打假人的态度。2014年3月施行的最高法司法解释规定“因食品、药品质量问题发生纠纷，购买者向生产者、销售者主张权利，生产者、销售者以购买者明知食品、药品存在质量问题而仍然购买为由进行抗辩的，人民法院不予支持”，明确了司法中对于食品药品生产销售秩序的维护并不局限于生产生活的范畴，同时没有拘泥于消费者的定义，而是采用了“购买者”的概念。

司法本身是一种社会资源，是社会运行过程中为最低成本的调整和化解纠纷所构建的制度设计。人类对于资源与成本的计算归根到底是一种权衡和博弈，用所得与所失相比来判断付出的值与不值。打假的社会逻辑无论立法抑或执法同样如此，对基本市场秩序、生产者的诚实劳动合法经营的法律保护，是围绕打假问题最基本的初衷所在。司法之存在有其运行的成本，职业打假人所谓的“知假买假”，进而通过诉讼获取巨额赔偿的行为，在具体诉讼中确实也在消耗紧缺的司法资源，社会将为其支付成本。但也要看到，因巨额索赔对制售假冒伪劣行为所带来的惩罚与震慑，本身具有更低成本的社会良好效果。当把那一部分被“浪费”的司法资源归入通盘社会运行成本的整体核算中时，不难发现，司法实践对职业打假人群体的肯定有助于社会打击制售假冒伪劣的行为，可能也更有助于保障包括消费者、经营者在内的社会成员。①

这篇评论首先摆出要批驳的观点，即法院认为“职业打假人的诉讼请求造成了司法资源的巨大浪费”，诉求不被支持。随后作者通过事例论证观点，即“探讨法律对待特定主体的态度应当全局把握立法所要维系的根本价值”，立法的初衷是对“社会整体秩序和利益的捍卫”。然后作者又用中国人民大学杨立新教授的言论论证了法院判决的错误性，“否定职业打假的合法性，受益最大的群体是制假者、销假者，会使假冒伪劣商品继续泛滥，对社会不利。”之后，作者又引用了《中华人民共和国食品安全法》的有关规定，论证了职业打假人“不仅是个人因此获利，更是对制售假冒伪劣产品行为生效且具体的社会惩罚机制”。最后，作者又引用了最高法的司法解释来说明职业打假人也是“购买者”，其诉讼请求应该给予支持。进而，作者提出自己的观点：司法本身是一种社会资源，职业打假虽然会浪费司法资源，但是，也是对基本市场秩序、生产者的诚实劳动合法经营的保护，巨额索赔对制售假冒伪劣行为所带来的惩罚与震慑，本身具有更低成本的良好社会效果，因而，司法资源应该纳入整体社会成本核算。作者在驳倒错误观点的同时树立了自己的观点。

可见，立论和驳论不一定必然分开，在一篇新闻评论中，可能只运用立论，也可能只运用驳论，也有可能一边驳斥别人的论点，一边树立自己的论点，立论和驳论有机地融合在一篇文章中。这要根据作者作文的基本目的来灵活运用。

## 第二节　论证中的形式逻辑问题

### 一、形式逻辑对论证的意义

很多人认为，论证不过是用另一种形式陈述自己的意见而已，这意味着论证工作具有重复性，即从已知的前提到达既定的结论，没有什么意义。但是，新闻评论的论证

① 南都社论.“司法资源”应纳入整体社会成本核算[N].南方都市报，2018-01-08.

并没有这么简单，因为新闻评论是以传播为目的的，要想让自己的观点被别人接受，论证就不仅意味着表达某些观点，也不仅仅是两个人之间的一场争论。新闻评论的论证过程就是使用一定的材料和方法来证明自己观点正确的过程，可能用到多种论证方法，包括例证法、引证法（又叫事理论证）、比较法、喻证法、反证法、归谬法等，但是不管采用什么样的论证方法，在事实与观点之间都要注意论证的形式逻辑问题。

每一篇新闻评论都有自己的观点，但是这些观点的说服力并不相同，有些观点的理由就不那么充分。之所以有些观点即使在论证之后还会受到质疑，要么是因为持有观点的人提出的理由不太符合客观实际，要么是在实践中行不通，要么是观点持有者提供的理由与结论之间违反了基本的逻辑形式。而一般人对这些理由的可靠性并不清楚，但是，通过论证，我们可以对这些理由有一个比较客观的评价，可以发现哪些观点优于其他观点。

广西的一些地区流行着夏至日吃狗肉的习俗，一些地区还在每年的夏至日举办狗肉节，但是最近几年，随着动物保护观念的增强，主张吃狗肉者与反对吃狗肉者在“是否应该吃狗肉”这个问题上产生了鲜明的对立，狗肉节也一直在争议中举行着。反对吃狗肉的人认为狗是人类的朋友，吃狗肉太残忍了；支持吃狗肉的人认为法律没有禁止吃狗肉，吃不吃是我的自由，你管不着。很明显，双方都在提供各种理由和证据，力图使其他人接受自己的观点。所以，提供理由和证据的过程是一个让别人接受自己观点和主张的过程，这就是我们的论证过程。“那正是你说服其他人的办法：把说服你自己的理由和证据拿出来。有与众不同的观点并不是错误，错误在于，除此之外，你什么都没有。”[①]

除了在新闻评论中，在日常生活中，论证对于别人接受自己的观点和主张、对于说服自己接受某种推测也非常重要。在《银色白额马》中，福尔摩斯对他的一个推论进行了解释，这个解释过程可以看作是一个推理过程，也就是说，福尔摩斯是通过一个逻辑程序来证明自己的推论是正确的。

> 在解决这个问题以前，我了解到这条狗不出声的重要性，因为一个可靠的推论总会启发出其他的问题来。我从辛普森这个插曲中知道，马厩中有一条狗，然而，尽管有人进来，并且把马牵走了，它竟毫不吠叫，没有惊动睡在草料棚里的两个看马房的人。显然，这位午夜来客是这条狗非常熟悉的人物。[②]

---

① 韦斯顿.论证是一门学问：如何让你的观点有说服力[M].卿松竹，译.北京：新华出版社，2011：3.

② 柯南道尔.福尔摩斯探案全集（中）[M].李家云，译.北京：群众出版社，1981：30.

在这个推理过程中，福尔摩斯有两个前提：一个在文章中非常明显——草料棚里的狗没有对着来人发出叫声；另一个基本前提是，狗会冲陌生人叫。这两个前提合起来可以推出一个结论：来者不是陌生人。这实际上使用了形式逻辑中的三段论推理法。“狗会对陌生人叫”是一个大前提，这个前提可以是明显呈现在文中的判断，也可以是暗含的公认的判断。“狗没有对来人叫”则是一个小前提，一般情况下，小前提是一个明示判断。福尔摩斯进而得出结论“来人是狗熟悉的人”。可见，形式逻辑对于论证自己的论点非常重要。无论采用什么样的论证方法，只有符合形式逻辑，才能使你的论断（论点）更具有说服力。

逻辑研究的是推理的有效性，即研究推理的一些基本规律。推理的有效性是通过推理的形式体现出来的，因此，研究逻辑推理的有效性主要是研究推理的形式，通过对推理形式的研究，揭示推理的有效性，所以逻辑一般也叫形式逻辑。[①] 所谓推理的有效性，就是要从真的前提推出一个真的结果，这对于新闻评论的推理过程非常重要。严格地说，形式逻辑就是我们常说的普通逻辑，“是从既成思维的外在关系方面来研究思维形式结构及其规律的科学。形式逻辑研究思维是把思维中的各个具体概念、具体判断和具体推理，当作既成的思想，暂时抛开它们涉及的具体内容，转而抽出它们的形式结构（逻辑形式）来进行研究。思维形式结构是思想的各个组成部分的联系方式”[②]。

在新闻评论中，让自己的推理过程符合形式逻辑对于论证作者的观点和主张也非常重要，一方面，形式逻辑使作者的观点建立在充分的理由和材料的基础上；另一方面，它能使作者的材料和观点有机结合，围绕作者的中心论点选择和使用材料，因而，作者的文章才既具有条理性，又具有说服力。新闻评论作者有必要学习一些形式逻辑的知识。

就人们的认识过程而言，认识就是从感性认识上升到理性认识，再从理性认识回到实践的整个过程。反映在人的思维方式上，认识过程在思维途径上就是从个别到一般，再从一般到个别的过程。从个别中发现一般规律的推理形式是归纳推理；从一般规律中进一步认识个别的推理形式是演绎推理。归纳和演绎是两个相互独立又相互依存的思维形式，在新闻评论中，归纳推理和演绎推理也是两种基本的推理方式。除了归纳和演绎之外，我们也常常从某一性质相似的不同事物中，推断出这些事物另外的性质也可能相似，这就是类比论证。这些都是新闻评论中常用的推理方式。

---

① 王璐.逻辑基础[M].北京：人民出版社，2004：4-5.

② 《逻辑学辞典》编委会.逻辑学辞典[M].吉林：吉林人民出版社，1983：358-359.

## 二、归纳论证

所谓归纳论证，就是用特殊事实来说明较普遍性命题的合理性。也就是根据对有限对象的考察，推导出对某一类事物的一般性主张。[①] 在新闻评论中，我们对某一类现象的概括和认识，常常采用归纳论证的方法。

2012年，《时代商报》刊登的一篇评论《"豪车恐惧症"：天价赔偿别以失民心为代价》中，评论作者对"豪车恐惧症"的概括就属于归纳概括。其中开头几段如下：

> 温州雅阁"轻吻"劳斯莱斯余波未平，一波又起。
>
> 据2月15日《扬子晚报》报道，2月14日，南京一辆东南菱悦轿车与一辆价值1,200万元的劳斯莱斯发生碰撞，劳斯莱斯受损严重，初步估算维修费近百万元。菱悦车主是90后小伙，初步判定负全责，可他的车三责险最高赔付仅30万元。劳斯莱斯产权单位表示，出于同情，可能会酌情考虑赔偿事宜。
>
> 两起接连发生的热点实例，将"平民撞豪车"这个社会课题推到了风口浪尖，公众甚至不再仅仅认为这是个偶然。如何让车主们摆脱"豪车恐惧症"，成为一个急需解决的问题。[②]

归纳思维指从不同的事物中概括出它们具有相同特征的因素的思维方式。该文章从温州一雅阁轿车"轻吻"劳斯莱斯和南京一菱悦轿车与价值1,200万元的劳斯莱斯发生碰撞的两起交通事故中归纳出，平民基本付不起豪车的维修费，进而推出平民车主的"豪车恐惧症"这一现象。

归纳思维在论证文章中早就有应用，在《孟子·告子下》第十五章中，孟子论述了"生于忧患，死于安乐"的道理，运用了归纳推理的方法。文章先列举了六个出身卑微的历史名人：舜、傅说、胶鬲、管夷吾、孙叔敖、百里奚，然后分析了他们人生经历的共同特征：历经忧患，最终取得了巨大的成就。这就是孟子论述的中心论点。

---

① 武宏志，刘春杰.批判性思维：以论证逻辑为工具[M].西安：陕西人民出版社，2005：41.

② 张静."豪车恐惧症"：天价赔偿别以失民心为代价[EB/OL].(2012-02-16)[2017-11-13].http://roll.sohu.com/20120216/n334877898.shtml.

孟子曰："舜发于畎亩之中，傅说举于版筑之间，胶鬲举于鱼盐之中，管夷吾举于士，孙叔敖举于海，百里奚举于市。故天将降大任于斯人也，必先苦其心志，劳其筋骨，饿其体肤，空乏其身，行拂乱其所为，所以动心忍性，曾益其所不能。人恒过，然后能改；困于心，衡于虑，而后作，征于色，发于声，而后喻。入则无法家拂士，出则无敌国外患者，国恒亡。然后知生于忧患而死于安乐也。"①

有些事件，孤立地看，并没有评论的价值，但是，一旦把具有某些特征的事件和现象集合在一起，抽取它们的共同之处，这些共性特征就有了评论价值。在新闻评论中，从不同时间和空间的事物中找到共性特征，提取事物的共同性质，往往是展开评论的必要条件，尤其是那些大家司空见惯，却没有引起注意的事物和现象，通过归纳提炼，往往会成为引人注目的选题。比如下面的这篇评论就使用了归纳推理。

**诚信制度何时能取代方舟子**

继厦门大学教授傅瑾文凭造假被辞退之后，北京化工大学又发布公告称，经调查核实，该校生命科学与技术学院教授陆骏盗用他人学术文章并伪造履历，属严重学术不端行为，决定予以开除。(7 月 29 日《京华时报》)

长期以来，诚信缺失是社会的共同感受。弄虚作假、骗取荣誉，假论文、假文凭、假履历早已不是什么新闻，而哪一个造假者"不幸"被揪出来才是新闻。当傅瑾和陆骏被揪出来的时候，不知道有多少造假者还在暗自庆幸。诚然，其中方舟子功不可没，但是仅靠一个方舟子，能查出的造假者恐怕是极其有限的。

造假者暴露的原因不外乎下面几种：一是被网民人肉出来的；二是出于公义或者报复被内部告发；三是被专业打假人揪出来的。然而，单位不同，对造假者的处理也有天壤之别。惩罚学术腐败行为在哪个高校都有一套规定，但是规定会不会被执行、执行的力度怎么样，才是问题的关键。面对各种各样的内部保护，造假者有恃无恐，打假者往往要付出代价，这才是学术诚信的悲哀。

退一步讲，就算没有内部保护，如果各个高校能够严格审查每一个人的资历，很多造假案都可以防患于未然，也不会有傅瑾、陆骏的悲剧。难怪连方舟子也感叹：造假盛行的原因不在程序，而在执行。方舟子打假的勇气可嘉，最后也难逃成

① 孟子.孟子·告子下[M].万丽华，蓝旭，译注.北京：中华书局，2007：285.

为一个孤独的战斗者的结局。何况，就算再多几个方舟子，对于整个社会学术诚信的缺失，依然杯水车薪。

只要制度有漏洞，傅瑾和陆骏就不会是最后的造假者；只要制度不完善，方舟子打假就会应接不暇。一个陆骏倒下了，还会有千百个陆骏潜伏着。学术机构藏污纳垢，学术诚信还能站起来吗？

文章从两个事件中提取了事物的共性：学术造假者是被方舟子揭发出来的，而不是通过学术制度预防了造假。接着，文章同样是用归纳的方法总结了造假者被揪出来的几种原因。最后，文章归纳了中心论点：学术腐败现象在于制度的漏洞，尤其是制度执行方面的漏洞。

归纳虽然是常用的逻辑推理方法，但是归纳得出的结论并不一定必然正确，因为，归纳总是与或然性紧密相关。也就是说，在归纳过程中，列举的个别事物或者现象既有完全归纳，也有不完全归纳。所谓完全归纳，就是在列举的个别事物或现象中，穷尽了所有的同类事物，比如：

奴隶社会的历史是一部阶级斗争的历史，

封建社会的历史是一部阶级斗争的历史，

资本主义社会的历史是一部阶级斗争的历史，

因此，所有阶级社会的历史都是一部阶级斗争的历史。

在这个归纳推理中，前面列举的奴隶社会、封建社会和资本主义社会穷尽了所有阶级社会，这个归纳就是一个完全归纳。

而不完全归纳所列举的事物和现象往往不能穷尽所有的同类事物，作者只是根据部分事物具有某种属性，进而推断该类的对象全都具有某种属性。一旦这些同类事物中有一个例外，那么，归纳得出的结论就不一定准确，比如：

狗有四条腿，

猪有四条腿，

牛有四条腿，

……

因此，所有的动物都有四条腿。

这个归纳明显是不正确的，因为前面列举的现象中，没有穷尽所有动物的属性。在不完全归纳推理中，列举事物反映的可能性并不等于全部事物的必然性，没有遇到相反的案例不等于没有相反的案例，因此而发生的归纳逻辑错误被称为“轻率归纳”。有这样一篇评论，批评中国电信企业的垄断行为，其中有一段是这么说的：

> 新技术的主要特征，就是能够提高效率、降低成本。计算机行业最能说明这一点。我在 1998 年花12,000元买的那个档次的电脑，目前在市场上1,200元就能买到！这说明了什么？说明计算机的价格 10 年来整整降低了 90%！电信技术的发展既然比计算机行业快得多，理应比计算机行业提供更高的性价比，其降价幅度理应在 10 倍以上。可现状恰恰相反。10 年前我的手机每月话费 100 元左右(我的电话很少)，但现在每月仍需 80 元，在通话质量没有显著变化且电信运营商话费欺诈防不胜防的情况下，价格才降低了 20%，其下降幅度是计算机的 1/4！显然，如果电信体制能够像计算机体制那样运行，我目前每月的话费应该是 10 元钱！也就是说，我每个月都要向行政性垄断多掏 70 元，全国有好几亿移动用户，合起来每月要多掏多少钱？①

文章从作者自己购买一台计算机的价格下降了 90%，推出“10 年来计算机的价格普遍下降了 90%”这样一个结论，并据此推断“手机话费也应该下降 90%”。除了计算机价格受到多重因素的影响以外，作者的观察样本只有自己这一个，在数量上也不具有代表性。而计算机的价格与电信话费的构成也有很大不同，具有不同的规律，由计算机的价格变化推出电信话费的降价幅度，这在逻辑上就犯了“轻率归纳”的错误。

因此，归纳推理首先要考虑列举数量的代表性；其次，还要考虑列举的个别事物是否穷尽了此类事物的所有类别。满足上述两个条件，得出的结论才可能具有说服力。

新闻评论中，作为个别样本的“新闻事件”除了要有数量上的考量和类别上的代表性，还要保证“新闻事实”的真实性，或者对新闻事件认识的准确性。如果评论作者对新闻事件的认知不准确，通过归纳推出的结论，其说服力就要大打折扣。

## 三、演绎论证

与归纳论证相反，演绎论证是从一个一般道理或者属性，推出某事物具体的属性。

① 岳建国.电信垄断让我每月多掏 70 元[EB/OL].(2008-01-29)[2017-11-13].http://business.sohu.com/20080129/n254952644.shtml.

归纳论证的前提与结论的关系具有或然性，而演绎论证的前提与结论的关系具有必然性。“任一演绎论证均断言其前提决定性地支持结论。相反，归纳论证没有这种断言，在对一个语段的解释中，如果我们判断它做出了这样的断言，我们就将其视为演绎论证。”[①]也就是说，演绎推理的前提应该是一个一般论断，这个论断应该能够支持结论的个别判断，在论证范围上，前提与结论应该是一般与个别的关系。

毛泽东在《为人民服务》一文中，有这样的一段话就运用了演绎推理：

> 人总是要死的，但死的意义有不同。中国古时候有个文学家叫做司马迁的说过：人固有一死，或重于泰山，或轻于鸿毛。为人民利益而死，就比泰山还重；替法西斯卖力，替剥削人民和压迫人民的人去死，就比鸿毛还轻。张思德同志是为人民利益而死的，他的死是比泰山还要重的。

我们把演绎推理的语段抽出来，可以分解成如下三句话：

> 为人民利益而死就比泰山还重，
> 张思德同志是为人民利益而死的，
> 张思德的死是比泰山还要重的。

显然，第一句话是一个普遍被大家接受的判断，在演绎逻辑中，被称作大前提。第二句话在第一句话的基础上指出“张思德同志是为人民利益而死的”，也是一个被大家普遍接受的判断，这个判断指出了结论要判断的对象“张思德同志的死”的性质，是结论的小前提。在这两个前提的基础上，文章推出结论：“张思德同志的死是比泰山还要重的。”这个结论包含在大前提要言明的一般道理中，大前提与结论是典型的一般与个别的关系。

由于演绎推理基本遵循着“大前提—小前提—结论”这一基本形式，所以，演绎推理又被称为三段论推理。演绎推理的前提是大家的共识时，在新闻评论中是可以省略的。比如前面讲到的，福尔摩斯在推测盗马人的时候，文中就省略了大前提：狗会对陌生人叫。但是在推理过程中，只要符合从一般的前提推出个别的结论这一特点，就可以认定这个推理过程是演绎推理。

2018 年 2 月 14 日，环球网发表了冯骥才先生的评论《让年味足以承载国人的盛情》，文章谈到了在年夜饭、拜年、吊钱、窗花、红灯笼、春联、福字、祭祖、年画、爆竹、社

---

① 柯匹，科恩.逻辑学导论[M].张建军，潘天群，等译.北京：中国人民大学出版社，2007：49.

火等传统的春节符号已经淡化的情况下，中国人应该如何守护自己的传统文化。其中最后的几段如下：

> 没有一个民族没有自己的节日，民族文化最重要的标志是传统节日。为了守护民族的传统，我们是可以做点事的。
>
> 政府可以鼓励社区、单位搞各式各样的活动，营造年的氛围，让人们意识到年的到来。这几天我回百岁的老母亲家，看到门上插了一个小包，里面有一对门联一对福字，保姆告诉我这是街道居委会送的，让我感觉很温暖。一贴上门联，年味儿就来了，传统春节，不就是祖辈们相互帮助、共同创造出来的吗。
>
> 知识界的努力还应一如既往，保护和支持广大民间还保持活态的各类年俗。在节日里弘扬节日。尤其是重视在学校教育中增加传统节日文化的内容。让传统进入教育，进入孩子的情感与心灵，进入孩子们的记忆，让美好的传统焕发生机。传统节日的传承人是全民。让孩子们传承传统绝不是干巴巴的书本学习，而是让孩子在节日里体验传统文化。只有在活生生的美好的参与和体验中，春节才永远是我们民族活着的财富，人民才永远享有它。①

在这段文章中，我们可以看到，作者在推理时，首先给出了一个公认的道理：没有一个民族没有自己的节日，民族文化最重要的标志是传统节日。但是，文章省略了一个小前提：中华民族是一个民族。结论是：中华民族应该有自己的民族节日，这也是中华民族文化最重要的标志。有了这样一个推论，为营造年味儿、继承和发扬传统文化采取的各种对策就是顺理成章的事情了，这种演绎逻辑实际上决定了文章的结构。

2010 年 7 月 23 日上午，家住罗湖区黄贝岭社区的陈先生带妻子在深圳凤凰医院生产。下午 3 时 45 分，陈先生的妻子顺产生下一个男婴。产妇生产时被实施了椎管内麻醉，生产后没觉得身体有什么不舒服。回到病房后，晚上 9 点多时，产妇开始喊肛门疼。陈先生发现妻子的肛门肿成了鸡蛋大小，有凸出物，而且凸出物上面一圈是线，因此认为肛门被缝上了。陈先生十分愤怒，认为这是报复，因为助产士曾暗示要红包。陈先生将此事诉诸媒体报道，引起舆论哗然。

在舆论对此事争论不休之际，一名医学博士发文对事件的真实性进行了质疑，文章如下：

---

① 冯骥才.让年味足以承载国人的盛情[EB/OL].(2018-02-13)[2018-03-05].http://opinion.huanqiu.com/hqpl/2018-02-13/11607115.html.

**“产妇肛门被缝”的真实性值得怀疑**

这些天，深圳“产妇肛门被缝”的新闻令不少读者震惊。作为医生，笔者发现，这一新闻事件的真实性值得怀疑。

依照常理，助产士不可能把产妇的肛门缝合。谁都知道，肛门是用来排除大便的重要器官，如果真的被缝合封闭，患者不只是排不了大便，痛苦不已，关键是用不了多长时间就会有生命危险。果然，专家调查结果表明，那名助产士根本就没有缝合产妇的肛门，而只是用缝线结扎了产妇分娩时从肛门脱出的痔疮上的出血口，目的是为了通过按压的方法把止不住的出血止住。关于患者产后即能排大便，患者及其丈夫都不否认，这也证明患者的肛门没有被缝合。

笔者判断，缝合产妇肛门上痔疮的出血口属于紧急医疗措施，助产士没有越权。按照有关规定，助产士职责中有“注意产程进展和变化，遇产妇并发症或婴儿窒息时，应采取紧急措施”和“密切观察产妇分娩前后的情况，注意保护会阴及妇婴安全”的条文。痔疮是常见的疾病，产妇分娩时痔核从肛门脱出并出现出血属于产妇并发症之一，如果出现这种情况，止血如救火，若不及时处理，可能酿成大祸。

助产士在通过按压止血止不住的情况下，用缝线结扎从肛门里脱出的痔疮上的出血口，对患者进行止血处理，属于紧急医疗措施，这一处置完全是其职责范围之内的做法。止血的方法有多种，别说是没有用缝针只是单用缝线的结扎止血，就是同时采用了缝针和缝线对出血口进行缝扎止血（也是一种常用的止血方法，是临床医务人员要求熟练掌握的基本操作之一），也是可以的，只是紧急处理之后应及时告知患者或家属，取得患者和家属的理解。这里需要弄清楚，对出血的痔疮“做止血处置”和所谓对痔疮进行“手术治疗”是两个截然不同的概念，助产士采取的是前者而非后者，所以并未越权。

患者的合法权益需要得到保护，医务人员的合法权益同样需要保护。医学科学是一门高风险的学科，医务人员的工作确实有着某些不可预料的因素，新闻媒体有必要对此多做真实、全面、客观的报道和宣传，切忌在本已欠佳的医患关系上火上浇油。①

---

① 陶海.“产妇肛门被缝”的真实性值得怀疑[EB/OL].(2010-08-09)[2018-03-05].http://news.ifeng.com/opinion/detail_2010-08-09/1910827_0.shtml.

这篇文章从整体结构上来看属于演绎推理式结构。文章从一个基本规律开始推理:“肛门是用来排除大便的重要器官,如果真的被缝合封闭,患者不只是排不了大便,痛苦不已,关键是用不了多长时间就会有生命危险。”因此,助产士不可能把产妇的肛门缝合上,这是舆论质疑的第一个问题。

第二个问题是助产士有没有越权。作者从基本的医疗规定和操作规范入手,引用了有关助产士权限的规定。按照有关规定,助产士职责中有“注意产程进展和变化,遇产妇并发症或婴儿窒息时,应采取紧急措施”和“密切观察产妇分娩前后的情况,注意保护会阴及妇婴安全”的条文。这是一个理论前提,也是这个推理的大前提。小前提是“助产士对出血的痔疮作了‘止血处理’,而不是对痔疮作了‘手术治疗’”,这是符合大前提的规定的。作者因此得出结论:助产士并没有越权。

通过对上述两个质疑的解析,作者认为,所谓的“产妇肛门被缝”事件的真实性值得怀疑,即有可能是假新闻。这是作者通过演绎推理得出的结论。后来,官方和央视新闻的调查也都证明了作者的推测。可见,正确的逻辑方法是保证结论有说服力的重要条件。

但是,演绎推理的三段论形式是一个方面的问题,推理的有效性则是另一个方面的问题。因为在很多情况下,虽然演绎推理运用了三段论的形式,但是结论并不一定为真,或者不一定有说服力,这就要求我们在进行演绎推理的时候要遵守一些基本规则。

由于演绎推理是从两个前提推出一个结论,那么它就必须首先满足以下两个条件,才能保证结论的有效性:

第一,大前提必须真实有效,不具有争议性。

第二,小前提必须符合大前提的条件。

大前提错误的逻辑推理中,结论往往都是不正确的,这在新闻评论中并不少见。比如,2013 年,内蒙古农民宋云飞因为在论坛上发布了一份清理党政机关、企事业单位等占用草牧场的通知文件,被内蒙古鄂尔多斯市法院以故意泄露国家秘密罪判刑,判决书如下:

本院认为，被告人宋云飞通过网络发布秘密级的文件，属泄露国家秘密的行为，从泄露国家秘密的密集程度，泄露的次数、时间、目的、动机，通过网络方式向公众散布、传播了国家秘密，且访问人数较多的情况来看，可以认定为情节严重的情形。被告人对泄露国家秘密的罪行供认不讳。其行为已经构成了泄露国家秘密罪，公诉机关指控宋云飞泄露国家秘密罪的罪名成立，犯罪事实清楚，证据确实充分，本院予以支持。被告人及其辩护人对公诉人提供的电子证物检查记录的证明目的提出异议，但是没有合法的证据予以佐证，故被告人及其辩护人的辩解不能成立。本案在审理过程中，被告人宋云飞当庭认罪，如实交代了犯罪事实，具有悔罪表现，可以酌情从轻处罚。依照《中华人民共和国刑法》第三百九十八条、第七十二条第一款、第七十三条第二款、第三款之规定，判决如下：

被告人宋云飞犯故意泄露国家秘密罪，判处有期徒刑二年，缓刑三年。

随后，本案被媒体曝光，引起舆论关注。有媒体指出，本案判决所依据的法律错误，判决不公。因为在法律判决中，司法机关所依据的法律就是判决结论的大前提，适用法律错误就是判决推理的大前提发生了错误。其中，《京华时报》的一篇评论对本案的判决逻辑质疑如下：

更应追问的是，宋云飞并非国家机关工作人员，他如何能得到这份被归属于“国家秘密”的内部文件？据判决书显示，宋的律师向法庭提供了九篇网帖证明“内党办发电(2011)38号文件”早在网上发表，也提供了两个政府网站在宋云飞发帖前，已公布该文件的“标题、文号、大部分内容”。但公诉人认为“涉案文件在其他网站上公布与本案没有关联性”，法庭亦没有采信辩护人的意见。

连法院也不否认，宋云飞泄露的居然是一份已经被泄密了的文件。在刑法上，并不是所有泄露了“国家秘密”的行为都要受到刑事处罚。故意泄露国家秘密罪首先是指国家机关工作人员违反国家保密法规，故意使国家秘密被不应知悉者知悉，或者故意使国家秘密超出了限定的接触范围，情节严重的行为。非国家机关工作人员犯前款罪的，应依前款规定酌情处罚。

也就是说，这一罪名首先针对的是官员，而且泄密行为要达到“情节严重”。如果认为宋云飞的泄密行为就已达到“情节严重”，那么，公布此文件的政府网站编辑岂非更是“罪加一等”？放着更严重的泄密行为不打击，偏偏要纠缠一位投诉的民众，难怪要被网民质疑“选择性司法”。①

文章指出，法院判决此案适用的法律错误，而且，小前提也不符合大前提规定的情形，即被告人泄露的“国家机密”在网上早已泄密，因此，对宋云飞的判决是不公正的。也就是说，从一个错误的前提，无法推出一个可靠的结论。

有一篇评论南方科技大学“去行政化”改革的文章，其中有一段是这样论述的：

香港科技大学建校只有十几年，就已经跻身全球高校前50强，这被认为是世界高教史上的奇迹。南方科大的目标，就是建成深圳版的香港科技大学。然而，两校之间却有着质的区别：即南方科大是公办的，而香港科大是私立的。香港科大的最高决策机构是校董事会，完全独立于政府系统之外。学校的这种性质及其体制，也正是现代大学制度得以建立的基础。②

文章暗含一个基本大前提：公办高校不可能建立起现代大学制度。文章还明示了推理的小前提：南方科技大学是公办学校，香港科技大学是私立学校，因此南方科技大学不可能像香港科技大学那样建立起现代大学制度，也不可能建成深圳版的香港科技大学。我们这里不讨论作者的结论是否正确，但是在小前提中，香港科技大学其实也是一所公立学校，不符合大前提的要求，因此，结论的说服力就会被削弱。

除了前提错误之外，演绎推理还要注意推理的基本规范。根据演绎推理的规则，三段论只能有三个概念，分别是三段论的大项、中项和小项。比如，在下面的判断中：

所有的金属都能够导电。

铁是金属。

所以，铁能导电。

---

① 王云帆.政府文件何时成了“国家秘密”[N/OL].京华时报.(2013-07-04)[2018-03-07].http://news.ifeng.com/gundong/detail_2013_07/04/27102626_0.shtml.

② 盛大林.南方科大“去行政化野心”注定落空[EB/OL].(2010-11-26)[2018-03-05].http://edu.qq.com/a/20101126/000339.htm.

在这个判断中,“能够导电”是大项,在前提中出现两次的“金属”是中项,“铁”是小项。三段论推理就是通过两个前提的判断,把小项通过中项与大项建立联系,说明小项具有大项的属性。在新闻评论中,小项通常就是新闻事件,大项往往是普遍的道理或经验,通过演绎推理来进行论证的新闻评论就是通过某个中项来论证新闻事件具有某种性质。需要注意的是,中项的概念或者意义在整个判断的过程中必须保持一致,不能出现意义或属性的变化。如果把两个不同的概念当作同一个概念使用,以致在三段论中有四个概念,就犯了逻辑上的“四概念谬误”。下面就是一个“四概念谬误”的例子:

中国的大学是分布于全国各地的。

北京大学是中国的大学。

所以,北京大学是分布于全国各地的。

这个演绎推理中,两个前提都是正确的,但是推出的结论明显是错误的,这是因为在这个推理中出现了四个概念。在第一个判断中,“中国的大学”是一个集合名词,指代中国所有的大学。在“北京大学是中国的大学”中,“中国的大学”准确的含义是“中国大学中的一所”,与第一个判断中的含义明显不同,违反了逻辑学上的“同一律”,即犯了在不同的意义上使用概念和判断的错误,因而得出的结论则是错误的。简单地说,就是三段论中的中项必须保持概念的同一性,否则就会犯“四个概念”的错误。

## 四、类比论证

从前面对演绎推理和归纳推理的介绍来看,演绎推理属于必然性推理,如果前提保证为真,推理过程又符合演绎推理的基本规则,得出的结论具有较高的可信性。而归纳推理则属于或然性推理,它是在较大概率的基础上得出的结论,并不能保证结论的必然正确。

除了演绎推理和归纳推理以外,新闻评论中用到的逻辑推理方式还常常包括类比推理。所谓类比推理,就是两个或者两类事物在(已知的)某些方面是相似的,或者具有相同的属性,其中一个或者一类事物还具有另外某些属性,据此推知,另一个或者另一类事物也应该具有这些属性,比如:

地球与火星具有以下相同的属性：
围绕太阳转，
有卫星，
围绕一个轴自转，
遵守引力定律，
地球还具有的属性：有生命，
据此可以推断：火星上可能也有生命。①

从形式上来看，类比推理是归纳性的，其前提真并不能保证结论也为真。与归纳推理不同，归纳推理是从个别的属性推出一般的道理，而类比推理是从“个别”的前提推出“个别”的结论。

在《战国策》中，有一个著名的故事叫《邹忌讽齐王纳谏》，邹忌在说服齐王广开言路，虚心接受臣民讽谏的时候，就采用了类比说理的方法。

邹忌修八尺有余，而形貌昳丽。朝服衣冠，窥镜，谓其妻曰：“我孰与城北徐公美？”其妻曰：“君美甚，徐公何能及君也？”城北徐公，齐国之美丽者也。忌不自信，而复问其妾曰：“吾孰与徐公美？”妾曰：“徐公何能及君也？”旦日，客从外来，与坐谈，问之客曰：“吾与徐公孰美？”客曰：“徐公不若君之美也。”明日，徐公来，孰视之，自以为不如；窥镜而自视，又弗如远甚。暮寝而思之，曰：“吾妻之美我者，私我也；妾之美我者，畏我也；客之美我者，欲有求于我也。”

于是入朝见威王，曰：“臣诚知不如徐公美，臣之妻私臣，臣之妾畏臣，臣之客欲有求于臣，皆以美于徐公。今齐地方千里，百二十城，宫妇左右莫不私王，朝廷之臣莫不畏王，四境之内莫不有求于王：由此观之，王之蔽甚矣！”

王曰：“善。”乃下令：“群臣吏民能面刺寡人之过者，受上赏；上书谏寡人者，受中赏；能谤讥于市朝，闻寡人之耳者，受下赏。”

邹忌以自己的美貌与徐公相比，周围亲近之人都说邹忌比徐公美，直到见到徐公之后，邹忌才明白自己受到了别人的蒙蔽。邹忌见到齐威王后，并没有单刀直入地向威王进谏，而是先讲了自己的切身体会。他先叙述了妻、妾、客蒙蔽自己的原因：“吾妻

① 胡浩.类比论证的特征及其评价标准[J].重庆理工大学学报，2012(1).

之美我者，私我也；妾之美我者，畏我也；客之美我者，欲有求于我也。”然后把自己的生活小事与治国大事相类比，说明齐威王处于最有权势的地位，因而所受的蒙蔽也最深。通过类比，邹忌启发诱导齐威王看到了自己受蒙蔽的严重性，从而使他懂得了纳谏的重要性，具有强烈的说服效果。

与前一个案例不同，地球与火星的类比，目的在于推测火星是否有生命，是一种推测性判断。而《邹忌讽齐王》纳谏的故事中，邹忌把自己受到蒙蔽与齐王受到蒙蔽相类比，是一种说服性或者解释性的论证。新闻评论中的类比推理可能是推测性的，也可能是说服性或解释性的。

运用类比推理是要通过已知的相同点，推出未知的可能的相同属性，所选取的两个(类)比较对象应该是同类，具有高度的本质上的相似性。“进行类比的两个对象相同或相似的属性越多，结论的可靠程度就越高。”“类比对象的相同属性越是本质的，其结论的可靠程度就越高。”①而且在类比之后，要善于分析可能的相似属性，这也是类比推理的根本目的。

容易与类比相混淆的是比喻。一般来讲，类比是为了推出新的结论，是一种逻辑推理形式；而比喻并不能直接推出新的结论，作为一种修辞手段，比喻的目的在于帮助人们理解所陈述的道理或关系。

具体来说，类比所涉及的两个对象是同类事物，而比喻涉及的两个对象不是同类事物。所谓推理，就是“由一个或几个已知判断，推出一个新判断的思维形式，属于推理类的类比当然具有从前提推出结论的性质”②。而比喻就没有所谓的前提与结论。

《嘉兴日报》在 2009 年发表过一篇评论《敢于“弯道超越”》，文章如下：

**敢于“弯道超越”**

最近，市委书记陈德荣在海盐、嘉善调研时，就如何应对当前严峻的经济形势，实现保增促调讲了一段令人深思的话。他说，当前全国各地的经济都处在从传统发展向科学发展转轨的弯道上，竞争在弯道，机会在弯道，精彩在弯道，决胜也在弯道。这个弯道上谁转得及时、转得坚定、转得有效，谁就能在科学发展的道路上走得更好更快。概括起来，就是“弯道超越”的理念。

---

① 关老健.普通形式逻辑[M].广州：中山大学出版社，2002：278-279.

② 廖家猷，傅希能.类比、比喻辨异[J].江西师范大学学报・哲学社会科学版，1984(1).

细想起来,“弯道超越”大有学问。

喜欢看F1赛车的人,都会有这样的感受,在直道上大家你追我赶,很多时候难分高下,但弯道处就不同了,因为这时候大家都在减速,谁能早一点研判路况,谁的拐弯技术好,把握好方向,谁就能超越别人。因此,弯道对雄心勃勃的车手来说,何尝不是一次机遇。“直道上黏住对手,弯道处超越对手”,这是赛车运动中的一条黄金定律。

受全球金融危机影响,当前各地经济发展处于“弯道处”,我们原有的一些发展规划可能无法“直行”。但是,从经济运行的实际情况看,“弯道处”往往也是各种经济要素重新组合、产业重新布局的时期,是国家间、地区间既有发展格局的变化调整期。简单地说,宏观经济形势好,受益最大的是发达国家和地区;宏观经济形势紧,受冲击最大的也往往是发达国家和地区。无论是全国还是长三角地区,经济发展的基本面和长期趋势并没有改变,对资本、技术、人才和其他生产要素的吸附能力依然旺盛,真正的问题在于我们敢不敢于、善不善于在“弯道处”放手一搏。

信心和勇气是决胜赛道的第一保证。“弯道”充满着变数,是“危”也是“机”。弯道最容易超越,也最容易落后。这种“危”“机”并存的局面,对任何赛车手都是平等的。以过人的胆识、冷静的判断、高超的技术于弯道处实现超越,就会赢得新一轮发展机遇,掌控新一轮发展的主动权。在危机前无所思、无所为,怯懦迟疑,只能成为一个被动的跟跑者、追随者甚至落伍者。这种大浪淘沙、不进则退的态势,注定我们只能奋勇冲关,早一秒冲过弯路,早一秒奔上坦途。

实现“弯道超越”,及早谋划、科学发展至关重要。这场危机让我们更加清醒地认识到,传统的发展模式已经走到了极致,化危为机,弯道超越,必须有提前谋划下一轮先发优势的自觉意识。同样面对危机的冲击,发展模式不同,结果迥然不同,谁的自主创新能力强、产业层次高,谁拥有核心技术和自主品牌,谁的抗风险能力就强,受到的冲击就小。这些危机中得来的经验,或者说教训,提醒我们于转型升级一事,一定要早动早抓早得益,而晚动晚抓则必然晚得益甚至不得益。

不要害怕“弯道”,不要忽视“弯道”,“弯道”之中有良机,超越弯道长本事。增强“等不起”的紧迫感、“慢不得”的危机感、“坐不住”的责任感,“弯道处”一样能创造了不起的业绩。①

---

① 廖述毅.敢于“弯道超越”[EB/OL].(2009-02-24)[2018-03-07].http://www.cnjxol.com/xwzx/xwrp/content/2009-02/24/content_985002.htm.

在这篇文章中，作者把“发展经济”与“赛车”联系起来，利用“弯道超越”来论述经济发展的一些规律。实际上“发展经济”与“赛车”不是同类事物，各自有不同的规律，所以，文中二者的联系是通过比喻而不是类比实现的。如果把这篇评论的论断过程总结成一句话，就是“我们应该像赛车中的‘弯道超越’一样发展经济，应对危机冲击”。严格来说，即使在赛车比赛中“弯道超越”合情合理，也切实可行，但是在经济发展中，是否就可以采用和“弯道超越”同样的操作，仍是值得存疑的。所以，从逻辑上讲，这并不是严格的论证程序，文中看不到理由与推断、前提与结论之间的关系，只是把经济怎样发展的论题转移到了赛车的话题上，抛开了原来的论题。

当然，在很多新闻评论教材中，也常常把比喻作为论证方法来讲述。比如，李法宝在《新闻评论：发现与表现》中就认为，比喻论证就是“用比喻来阐明道理的方法”①；胡文龙、秦珪、涂光晋在《新闻评论教程》中也表示“比喻是形象说理常用的方法”②。但是，我们认为，比喻毕竟是一种修辞方法，其主要功能在于增强语言表达的形象性和生动性，把抽象的道理具体化，把复杂的道理浅显化，从而提高论证的效率。作为论证方法，是经不起推敲的。曹林在《时评写作十讲》中明确指出：“以喻代证是评论作者常犯的逻辑错误。将比喻这种修辞当作一种论证手段，在大专辩论会上可以用这种诡辩去忽悠人，可在正经的评论写作中就不能了。任何比喻都是蹩脚的，以喻代证其实就是偷换概念和论题。”③

不能以喻代证并不说明在新闻评论中不能使用比喻修辞，有些道理通过比喻修辞可能更容易理解一些。比如，2012 年，中国和菲律宾因为南海问题关系非常紧张，《环球时报》发表了社论《常此摩擦，中菲不动武将是奇迹》，其中有一段是这样表述的：

> 菲律宾在黄岩岛海域的骚扰挑衅像一块嚼过的口香糖粘在中国脚上，要彻底把它蹭干净看来不太容易，中国将不得不在很长时间里感觉脚底下黏糊糊的。
>
> 但中国的确要把鞋底找个硬处使劲儿蹭几下。对于黄岩岛危机拖了一个月，菲律宾不断有让局势升级的动作，中国公众普遍不解。这个一贯信奉韬光养晦的国家，如今充满了悲愤。④

---

① 李法宝.新闻评论：发现与表现[M].广州：中山大学出版社，2005：130.

② 胡文龙，秦珪，涂光晋.新闻评论教程[M].北京：中国人民大学出版社，1998：176.

③ 曹林.时评写作十讲[M].上海：复旦大学出版社，2011：153.

④ 环球时报社论.常此摩擦，中菲不动武将是奇迹[N/OL].(2012-05-09)[2018-03-08].http://opinion.huanqiu.com/1152/2012-05-09/2702998.html.

这里使用了一个比喻修辞,“菲律宾的骚扰挑衅像一块嚼过的口香糖”,通过这个比喻,读者很容易理解中菲摩擦对于中国人的影响。这就是比喻修辞在文章中的作用。但是,这个比喻在这里绝不是论证方法,更不是类比。菲律宾的挑衅与嚼过的口香糖没有任何本质上的联系。

所以,我们在使用类比论证的时候,要注意类比的两个对象之间的本质属性是否相同,一定要注意和比喻相区分,更不能以喻代证。

**思考与练习:**

1.下面是两篇新闻评论,分析一下,它们分别是驳论还是立论?说出理由。

**评论一:**

**家庭不再式微,家风方能传承**

春节期间,因央视《新春走基层·家风是什么》系列报道,家风引发公众关注。家风又称门风,它不仅是一个家族的性格特征,也是一种家庭内部的道德规范。可在当下的年代,家风无疑已是一个非常陌生的话题。因为家庭角色的日渐式微、家庭单元的四分五裂和越来越小,所谓家风几乎已经没有生存之地。现在的家庭单元小到一两个人,家族意识不断被消减,此时谈家风当然比较困难,但越是困难,家风越应该得到关注。

从《颜氏家训》到《曾国藩家书》,家庭在中国传统文化里占有极其重要的地位,有曰耕读传家,有曰积德行善,有曰仁孝清廉。可是,这些“古话”我们现在很少讲了,家风也就成了“我家风很大”——于是,我们都成了“没有家教的孩子”。

若要追问缘由,最重要的原因,当属城乡贫富悬殊背景下的人口大流动,使宗族家庭功能式微和社会传统结构解体。游子亲近故乡土地,看见父母亲人的次数都要以年来计算了,今年别过之后就要明年才能相见,家风如何传承?此外,计划生育政策实施后,只有极少数人才有兄弟姐妹,这直接危及延续数千年的亲族网络及其社会伦理观念。随着社会发展,从熟人社会到陌生人社会的转变,也让家风传承失去了外在约束。

反倒是西方国家比我们更重视家庭。他们无论是多大的官员,公开场合下总会提到自己的家庭;相比之下,我们的官员和名流则很少在公开场合谈及家人。国人不仅不太习惯谈论自己的家庭，而且家庭的重要性也往往排在职位和工作之下。像美国卸任驻华大使骆家辉那样，因为女儿读书而卸任，在国内官员眼中大概是不可想象的。

家风不是糟粕而是精华，它对我们的社会而言，就是一种道德的力量和规则的信仰。如果每个家庭都能传承优良的家风，如果每个家庭成员都能拥有家风意识，令人心寒的社会道德滑坡，也许就能得到非常重要的改变力量，呼唤已久的真善美，也许就藏在家风的传承里。重建家风，必须重建家庭观念，将家庭置于更重要的角色定位。家庭不该是总被牺牲的角色，而该是我们努力奋斗的目标。“为大家”无须“舍小家”，恰恰相反，只有“为小家”才能“为大家”。①

**评论二：**

## 为周克华“找理由”是在说胡话

公安部A级通缉犯周克华昨日在重庆被公安民警击毙。至此，苏湘渝系列持枪抢劫杀人案件成功告破。

周克华流窜数省，作案多起，枪杀十人，打伤六人，可谓罪恶昭昭。这样的逃犯被击毙，不仅使正义得到伸张，也维护了群众的安全感。在绝大多数人都松了一口气的时候，也有少数人为周克华的死在心里泛酸。他们把周克华描绘成一个有爱心的人、有理想的人，把他走上犯罪道路归咎于社会。面对一起轰动全国的公共事件，这种无原则的“人性关怀”已经偏离了基本的价值判断，也突破了人性的底线。

诚然，每个生命的非正常离去都是一出悲剧。周克华被击毙，固然不值得公众欢呼雀跃，但就他这些年的罪行而言，横死街头也是咎由自取。不能因为他是这个社会的失败者，就由社会来为他的死负责任。

在一些媒体的报道和网络言论中，周克华被逐渐“还原”。他小时候老实本分，少年时有行侠仗义的梦想，成年后对家人有爱，村里人说他“讲义气”“为人诚恳”。这样一个“好人”没得到好的下场，被解释为他在社会上遇到了不公正的对待转而报复社会，甚至有人把他被劳教的经历与湖南永州的唐慧事件相提并论。那些来自周克华亲友邻居的口述材料未必就完全失实，但如

---

① 舒胜祥.家庭不再式微，家风方能传承[N].华商报，2014-02-10.

果以只言片语的事实来拼凑“好人”周克华，就是无视基本事实的选择性失明。周克华八年来抢劫杀人，手段残忍，在他枪下丧生的都是一些与他无冤无仇的无辜之人。要客观地评价周克华的死亡，就不能无视他的这些罪行，否则，以私德的亮点掩饰他对公众的罪行，就是变相的助纣为虐。事实上，童年天真、少年有梦，都不过是人的本能，杀人犯也有“人性”的一面并不值得引起太多惊奇。一些人之所以罔顾事实，要把周克华的罪行描绘成“愤世嫉俗”，不过是借题发挥，把一个杀人犯对社会稳定的破坏臆想成对社会不公的报复。

就周克华选择的犯罪对象而言，他完全是为钱财杀人，看不到报复他人和社会的动机，但并不能因此排除他很早之前受到过不公正的待遇的可能。即便周克华曾经有过这样或那样的委屈，也不是他可以杀人的理由。我们不否认，正处于转型期的社会仍有很多不公平的现象，对于城乡间的不公、行业间的不公等，很多人都有切身感受。周克华遇到过的不公，别人也同样可能遇到，因为自己遇到过不公正的对待，就嫁祸于人、报复社会，只会制造更大的不公。如果一个人连别人生存的权利都不放在眼里了，还有什么资格谈社会公平。

周克华的失败人生，显现出了他无法融入社会的人格缺陷。一个人应该主动地融入社会中，而不能让社会完全地顺从自己。周克华作为一个中年男人，沦落到靠抢劫杀人为生，已经是对社会无所顾忌的予取予求，他的存在随时都可能剥夺别人的生存。这样冷血的人还能得到一些人的好评，不仅会让无辜死亡者的家属寒心，也会让我们的道德底线一再下探。

虽然周克华死了，但对周克华的追捧依然需要我们警惕。[①]

2.逻辑对新闻评论的论证过程有什么作用？形式逻辑与作者的思维结构有什么联系？

3.下面是逻辑推理的案例，判断推理过程是否符合形式逻辑规则。

(1)据传，有一年元宵节，司马光夫人想上街去逛灯会，就跟司马光说：“我要去看花灯。”司马光说：“家中这么多灯，何必出去看？”司马光夫人又说：“我不但要看灯，还想看游人。”司马光说：“家中这么多人，何必出去看？”

---

① 沙元森.为周克华“找理由”是在说胡话[N].齐鲁晚报，2012-08-15.

(2)杰斐逊宣称所有人生来平等。

杰斐逊本人是一个奴隶主,他向别人宣扬他自己都不遵守的高尚原则。

杰斐逊关于自由和平等的言论是假的。

(3)网上曾流传一篇小学生作文,内容如下:

时间过得真快,一下就到期末考了,我现在已经开始紧张地复习了。我必须要开始努力了,因为我如果不努力,成绩就上不去,我成绩上不去就会被家长骂,我被家长骂,就会失去信心,失去信心就会读不好书,读不好书就不能毕业,不能毕业就会找不到好工作,找不到好工作就赚不了钱,赚不了钱就会没钱纳税,没钱纳税,国家就难发工资给老师,老师领不到工资就会没心情教学,没心情教学,就会影响我们祖国的未来,影响了祖国的未来,中国就难以腾飞,中华民族就会退化成野蛮的民族。中华民族成了野蛮的民族,美国就会怀疑我国有大规模杀伤性武器,就会向中国开战,第三次世界大战就会爆发,第三次世界大战爆发其中一方必定会实力不足,实力不足就会动用核武器,动用核武器就会破坏自然环境,自然环境被破坏,大气层就会破个大洞,大气层破个大洞地球温度就会上升,两极冰山就会融化,冰山融化,地球水位就会上升,地球水位上升,全人类就会被淹死。因为这关系到全人类的生命财产安全,所以我要在剩下的几天里好好复习,考好成绩,不让悲剧发生。

(4)一切金属都是可塑的,塑料是可塑的,所以,塑料是金属。

4.类比与比喻有什么区别?你是否主张把比喻看作论证方法?说出你的原因。

# 第九章　新闻评论的标题

新闻评论的标题就是指新闻评论的题目，一般来说，评论的标题规定了评论论题的范围或者概括了中心论点。人们常说，“题好一半文”，标题在新闻评论中也占有重要地位。和新闻报道的标题一样，标题在概括新闻评论的论点、吸引读者、提示新闻评论论题的范围方面发挥着重要作用，在评论中具有重要地位。

## 第一节　新闻评论标题的功能

### 一、吸引读者阅读

新闻评论是以传播为目的的新闻体裁，标题作为新闻评论的眼睛，必须具有吸引读者的功能，这是新闻评论效率的要求。如果新闻评论的标题不能够在第一时间吸引住受众，评论标题的写作就是失败的，也就谈不上传播效率。

2017 年 5 月 19 日，人民网观点频道发表的评论《谁的单身惊动了团中央?》从当时刷爆朋友圈的一条消息“团中央发话:将帮助大龄未婚青年找合适伴侣”谈起，探讨了青年的婚恋问题。团中央不仅从营造环境、创造机会的角度，为青年交流、沟通打开方便的大门，更为青年婚恋创造了一个更宽广的世界，提供了更丰富的体验。而青年人本身也该直面复杂的现实，充实自己。标题并没有直接表达观点，而是通过一个设问，引起读者深思，然后才在正文中围绕标题设定的问题展开论述。同样，在人民网观点频道 5 月 27 日的评论《一身造假一路升官，谁在开方便之门?》也是这样一个发人深省的标题。

《河南日报》的评论《“郑”好势头成就“郑”高速度》(2018 年 1 月 5 日)利用郑州中的“郑”字与“正好”“正”字的谐音，既能够给人以地域提示，也能够给人以意义上的烘托，暗示观点。文章认为，“‘人才资源密集、物流基础良好、产业基础雄厚’这样的基础，营造了郑州产业发展的‘势’，产生了叠加效应，才能在郑州经开区演绎一段‘速度’佳话”。

2018年1月5日，《人民日报·海外版》有一篇评论的标题是《网络语言该不该“上标题”?》也是利用设问吸引读者的。文章指出，网络语言生动活泼、贴近生活、幽默风趣、新潮时尚，与年轻读者“很对味”；但是，部分网络语言粗鄙庸俗、语法混乱、语义不清、缺乏界定，很多媒体编辑对网络语言“吃不准”。通过论述，作者指出，对于那些反映时代进步、展现正能量的网络语言，应该及时对其语义进行权威界定，规范其推广使用；对于一些粗俗的网络语言，应该规定在书面、媒体等正式语境中避免使用。

吸引读者的标题不强调对文章主题的提炼，但是，必须标新立异，能够引起读者思考，吸引读者读下去。

## 二、规定论题的范围

有一些评论的标题并没有具体的观点和表达意向，只是大致规定了评论要论述什么问题、要评论什么内容、评论要朝什么方向努力。至于评论的观点和内容，则要读者读完全文以后才能明了。

2017年10月20日，新华社发表评论《中国道路的世界启示》，这个标题就是一则提示论题范围的题目。文章从德国《经理人杂志》网站在“十九大”召开的时候刊登的评论文章《为什么世界这周都在看中国?》谈起，谈到中国成功的一些经验和启示：第一，中国道路，通过自身探索取得成功；第二，中国道路，拓展了发展中国家走向现代化的途径；第三，中国道路，为解决人类问题贡献了中国方案。这些都是在“十九大”召开的时候对中国道路的一些思考，所启示的内容必须在读完文章以后才能知道。

2018年1月5日《光明日报》的评论《乡村振兴呼唤四种主体意识》，其标题也是提示了新闻评论的论题范围。标题中只提到乡村振兴需要主体意识，而这四种主体意识是什么，标题中并没有明示。而且由于表述的复杂性，这些主体意识不可能凝缩在标题中一下表达出来。而在文章中，作者分别阐述了四种主体意识的内容，即树立“乡村振兴，人人有责”的主力军意识；“乡村振兴，责无旁贷”的责任意识；“乡村振兴，舍我其谁”的担当意识；“乡村振兴，时不我待”的紧迫意识。

常见的表明论题范围的标题有“论××”“××刍议(小议)”“××的启示”等，此类标题多是由于论述的问题有些复杂，用具体的表述观点的标题难以概括文章的中心内容而产生的。用指明论题范围的标题具有较强的概括能力。但此类标题有一个共同的缺点是表达效率不高，读者很难从标题中读懂文章的中心观点。因此，一般情况下，新闻评论更主张使用直接表明论点的标题，指定论题范围的标题一般不是首选标题。

### 三、指明或者暗示中心论点

新闻评论是传播观点的新闻体裁，传播效率是新闻评论标题制作的重要考量因素。提高转播效率的重要手段就是把中心论点直接放进评论标题中。所以，一些新闻评论的标题就有了指明或者暗示新闻评论中心观点的作用。

《新华每日电讯》发表的评论《清理违规低保不妨引入第三方评估》(2017 年 1 月 17 日)就是在标题中直接表明了观点。文章指出，由于人手短缺，低保资格核查难以覆盖全所有贫困户，也就难以避免违规低保的出现。但是，在安全监管、扶贫监管、环境保护等工作领域，第三方评估机制已经逐渐成为潮流。引入有效的第三方评估机制，能够在很大程度上降低违规风险，符合“阳光行政”的现代社会治理思路。这也正是标题中所表达的观点。

2017 年 8 月 28 日，据澎湃新闻报道，山西省中西医结合医院银屑病科的张英栋医生在接收病人看病前要求病人先考试，考试不及格不给看病。考试的内容全部出自张英栋出的 4 本书。不仅如此，很多患者也都被他推荐购书，4 本书捆绑售价 130 元。《新华每日电讯》发表的评论《“想看病先考试”有违医道伦理》也是在标题中直接表达的观点。

直接表达观点的评论标题能够直接看到作者的观点，具有较高的传播效率，受到作者和编辑的广泛欢迎，因此，我们一般都建议新闻评论的标题如果能够暗示或者明示观点，那就尽量把观点放进标题里面。

另外，在版面编排中，评论的标题和新闻报道的标题一样，具有美化和划分版面的功能，新闻评论的标题能够聚集本篇内容，把一篇新闻评论与其他内容区分开来，这主要是编辑学的内容，这里不再赘述。

## 第二节　新闻评论标题的基本要求

新闻评论标题的制作可以从表现性要求和表意性要求两个方面来讲述。

## 一、表意性要求

### (一)突出重要信息

一篇新闻评论包含的主要信息有新闻评论的中心论点、评论范围和指向等,新闻评论只有在充分传递这些信息的基础上才能够发挥吸引受众的功能,因此,突出主要信息就是要突出新闻评论的中心论点、突出评论的范围和指向,这是传递信息的基本要求。也就是说,能够用标题浓缩的中心论点应该集中表现在标题中,不能集中表明观点的标题应该尽量表明论题的范围和指向。下面是一些通过标题表达信息的例子:

1.表明论题范围的标题

日本投降矣(1945 年 8 月 16 日《大公报》社评);
一个张家界子民的呐喊,我哭天门洞(红网红辣椒评论,2006 年 3 月 17 日);
中国的"新韬光养晦"(《朝鲜日报》中文网,2015 年 9 月 14 日);
中国经济学教育的今天(《金融时报》中文网,2018 年 1 月 4 日);
当今时代的意识形态之战(《金融时报》中文网,2017 年 12 月 29 日)。

2.表明论题指向的标题

自动驾驶如何"弯道超车"(《人民日报》,2018 年 1 月 8 日);
从郭敬明事件看网络暴政与新犬儒主义(红网红辣椒评论,2006 年 7 月 10 日);
答好新时代的考卷(中青网中青网评,2018 年 1 月 6 日);
韩美同盟与韩中关系的差异(《朝鲜日报》中文网,2017 年 12 月 21 日);
环保压力该传导到哪一层(《人民日报》2017 年 5 月 13 日)。

3.暗示论点的标题

关停炒作账号,娱乐如何走正道?(人民网,2017 年 6 月 8 日);
天堂里没有司法冤狱(红网红辣椒评论,2009 年 1 月 15 日);
我们是否成了大数据时代的透明人(光明网光明时评,2018 年 1 月 5 日);

茅台飞涨映衬一张喝醉了涨红的脸(中青网中青时评,2017 年 10 月 31 日);
中美面前里外不是人的韩国外交(《朝鲜日报》中文网,2018 年 1 月 2 日)。

4.明示论点的标题

高铁选座人性化,是铁路融入出行市场新改变(光明网光明时评,2017 年 10 月 13 日);
不要让陪产假沦为"纸上福利"(《南方日报》,2018 年 1 月 3 日);
批评我们就是帮助革命(《人民日报》,2016 年 7 月 11 日)。

这些标题的侧重点各不相同,但是,出于表达效率的考虑,现代新闻评论较少使用只表明论题范围的标题,而较多使用直接表达中心观点的标题。

(二)表意准确

所谓表意准确就是评论的标题要准确传达信息,做到遣词造句准确表达作者的意图。这既包括准确传达意义,也包括准确传达作者的情感。

标题一:有义胆,挺身而出呵护生命(《齐鲁晚报》2015 年月 1 日)。

这个评论是作者针对一个见义勇为的表彰大会配发的评论,文中表达了作者对英雄和英雄事迹的赞扬。标题既暗示了作者的中心观点,又准确传达了作者对人物和事件敬仰的情感。

标题二:我们在割稻子(1941 年 8 月 19 日《大公报》社评)。

这是大公报在中国抗日战争最艰难的时候发表的一篇社论的标题。1941 年夏天,日本侵略者的飞机对重庆进行了"疲劳轰炸",妄图迫使重庆国民政府投降。当时正是日寇嚣张、国民抗战情绪低落的时候。《大公报》刊发的这篇社论既透着阳刚清新之气,又不失乡土之味,从标题中就能够体会到作者藐视敌寇的达观与大气。正如文中所说:"敌机尽管来吧,请你来看我们割稻子!抗战至于今日,割稻子实是我们的第一等大事,有了粮食,就能战斗!"

标题三:总有一种力量让我们泪流满面(《南方周末》1999 年元旦社论)。

标题暗示了作者的观点,通过阅读全文,我们可以得知,标题同时也包含了作者的言外之意,即在过去的一年里,蕴含在人们心中的对真实、真情、真理的坚守,对正义的追求，成为一种催人奋进的力量，在新的一年里，这种力量必将驱使我们不断寻求“正义、爱心、良知”。文章从标题到正文透露出理想主义的情怀，是一篇难得的好评论。

准确传情达意及要求用词准确，还要求恰当地使用修辞手段，防止“引喻失义”。

(三)题文一致

所谓题文一致就是说新闻评论的标题要准确表达文章的中心观点、论题范围、评述的重点以及要传达的情感。

首先，标题与中心观点必须一致。不管标题是不是指明了中心观点，哪怕只是表明论题范围的标题，标题规定的论述范围与文章的论述重点和论述范围都必须一致，正文偏离标题规定的范围往往意味着偏离主题。

2017 年红网举行的全国“大学生评论之星”大赛中，有一篇参赛文章，标题是《〈演员的诞生〉并未解答好演员如何诞生》，全文如下：

**《演员的诞生》并未解答好演员如何诞生**

近日，综艺《演员的诞生》开播，这个舞台像放大镜一样，把每一位演员的态度和能力放在灯光下，演员对剧本的琢磨和对观众奉献的真诚，以及节目中的种种冲突都成了精彩看点，持续获得了较高的讨论度。这也让我们从侧面看到了观众对好演员的期盼。但与此同时，我们也应思考，这档展现演技的节目为何会引发如此高的关注？

首先，中国如今的影视圈，优秀的剧本和演员精湛的演技，似乎成了可遇不可求的事。人气明星被当作高票房的保证，不论其是否认真研读了剧本、揣摩了角色，不论其诠释得如何，不论其余的剧情多么单薄、特效多么敷衍，总会有一大批粉丝吹捧并愿意为之买单。这样的“包容”显然不利于国产影视业的进步。而制片方多看重利益，自然乐意以较少的投入获得更多更快的回报，如此这般恶性循环，潜心的创作和踏实的磨炼逐渐不被要求和看重，一部部戏在依赖着替身和后期的配音中紧锣密鼓地拍摄完成。经典的作品越来越少，爆米花电影雁过无痕，人们只记住了明星高昂的片酬和为博关注制造的绯闻。

其次，我国缺乏权威性的电影奖项，唯一有效的评价标准就是票房。没有行业内具有公信力的肯定和认同、没有奖项加持的荣誉感，演员很难有用心对待和演绎作品的充分动力。

让我们再来看一组去年的数据，2016年，中国内地共上映电影450部，本土片358部，进口片92部。全国电影总票房为457.12亿元，国产电影票房266.63亿元，占票房总额的58.33%。数量上只占五分之一的进口片却贡献了票房总额的近一半。而同年日本引进的进口片有539部，韩国达1,231部，但大量的引进并没有影响其本土电影的成绩，本土电影最终的票房依然远超进口片。相比日韩市场的开放程度，中国的差距非常大，受众的选择面相对狭窄，由此导致国产影片的竞争压力不大，积极性不高，也不利于促成优秀作品的诞生。

《人民的名义》《战狼Ⅱ》这样的佳作，是没有流量明星参演、没有铺天盖的营销宣传，仅靠内容和大众口碑一样获得成功的最好证明。它们不应成为昙花一现，中国的影视业完全有能力创作出带有中国特色的优秀艺术作品。当然，这不能只靠演员提升演技去完成，而要依靠整个行业，以及宏观政策上的多方面的努力。中国影视业不应满足于一时的利益，应着眼长远，多管齐下，才能真正有前途。①

该文对中国电影业的认识还是比较深刻的，但是，存在的一个问题就是正文的论述没有很好地扣紧标题规定的范围，也就是题文不一致。文章的标题既然是“演员如何诞生”，文中就应该围绕演员如何成长、如何培养等问题展开，但全文谈的却是中国电影业的生存环境，偏离了标题规定的范围和方向。

同时，标题反映的感情色彩必须与正文一致。这就要求作者在拟订标题的时候务必注意词语的感情色彩和修辞的表情效果。2018年1月3日，《环球时报》发表了评论《伪造文件抹黑中国，敌对势力很恶毒》标题中使用的“伪造”、“敌对势力”和“恶毒”等富有感情色彩的词汇，不仅明确表达了中心观点，也明确表达了作者对事件的基本态度和情感。在《环球时报》同一天的另一篇评论中，文章的标题是《华盛顿斥责巴基斯坦，这是过河拆桥》，从标题中就可以看出文章批评美国对巴基斯坦关系中的单边主义政策，对美国的批评和对巴基斯坦的同情在标题和正文中都显露无遗。

① 吴天昊.《演员的诞生》并未解答好演员如何诞生[EB/OL].(2017-11-20)[2019-09-23].http://hot.ylnet.com.cn/newsshow－71512.html.

## 二、表现性要求

标题除了要表意准确之外，还要做到形式完美。一条好的标题既要准确传达文章的意图，又要做到生动活泼、引人注目，这主要涉及标题的形式和修辞问题。

### (一)标题务必简短有力

相对于消息的标题，评论的标题在结构上更加简单，在拟订评论标题的时候不必像消息标题那样过多考虑形式上的美观，只需要把主要的观点、论题的主要范围、作者要表达的情感基调考虑清楚，用最简短的文字表达出来就行了。标题的文字越简短，读者看起来就越不费力，标题的传播效率就会越高。作者把评论的主要传播意图考虑清楚了，才会考虑标题的修辞问题。

例如：

文件“空转”伤了谁？(《环球时报》，2017 年 12 月 29 日)；
“一带一路”以“和”为贵(《光明日报》，2017 年 05 月 16 日)；
给产业扶贫款上道“保险”(《人民日报》，2017 年 09 月 20 日)；
是可忍，孰不可忍？(《人民日报》，1962 年 9 月 22 日)。

### (二)标题必须生动活泼，引人注目

生动活泼是新闻评论标题在内容表现上的要求，即标题的制定必须用引人注目的形式表现出来，达到准确表意、准确表情、吸引读者的效果。为了达到这个效果，标题除了简短有力以外，往往还要使用一些修辞手段，这样做一是方便表达言外之意，二是方便读者准确把握作者的表达意图，同时，一些好的标题，还能够起到增加文采的作用。

在标题中常用的修辞手段有以下九种：

1.比喻

比喻指通过事物之间的相似性建立关系，通过理解乙事物而了解甲事物。比喻一定要注意喻体的性质与原来事物的相似性。比如下面几个标题，都使用了比喻修辞。

学科建设既需"选种"又要"剪枝"(《光明日报》,2018 年 1 月 9 日);

抬高"地基"儿科医疗就不会成"洼地"(天山网阿凡提评论,2016 年 12 月 16 日);

训练容不得半点水分和杂质(《解放军报》,2018 年 1 月 8 日);

补足精神之"钙"(《甘肃日报》,2017 年 11 月 15 日);

备案审查是依法治国的利剑(《南方都市报》,2017 年 12 月 25 日);

别让大雪成公共设施隐患的"试纸"(《新京报网》,2018 年 1 月 5 日);

电商"二选一"是神仙打架(《工人日报》,2018 年 1 月 9 日);

别让考研成为就业压力的延时器(《中国青年报》,2017 年 12 月 26 日)。

上述标题中,前四条使用了暗喻手法,后四条试用了明喻手法,通过比喻,读者比较容易理解事物的性质。比如《工人日报》的标题《电商"二选一"就是神仙打架》,我们可能不太容易理解电商"二选一"对一般人有什么影响,但是通过"神仙打架"这个比喻,我们就比较容易理解"神仙打架,百姓遭殃"的道理,对电商"二选一"的性质就能有一个比较深刻的理解。

2.借代

借代指通过事物的相关性建立联系,以部分指代整体,或者以整体指代部分,这样可以通过简单的事物来替代复杂的事物,方便读者理解。下面的标题就是使用了借代修辞。

企业应把"老字号"作为发展目标(《新金融观察》,2018 年 1 月 8 日);

少种些"金碧之树"(《解放军报》,2018 年 1 月 3 日);

别费力搞成的却是"马奇诺防线"(《解放军报》,2017 年 12 月 20 日);

让"冰花男孩"们先暖起来(《南方日报》,2018 年 1 月 11 日);

治理校园欺凌:避免工读学校成为豫章书院(《新京报》网,2018 年 1 月 4 日)。

其中"老字号"借代做强做大、长期发展的企业;"金碧之树"借指不适合本地气候和环境、价格昂贵的树种;"马奇诺防线"借指过时无用的战术战法和战争思维;"冰花男孩"代指贫困地区或者贫困家庭的孩子,"豫章书院"则以豫章书院打人事件为背景,指代那些实施暴力治校和校园欺凌的教育机构。通过借贷可以把抽象的事物形象化,提高传播效率。

3.比拟

比拟修辞包括拟人和拟物两种，比拟可以把抽象的、静态的关系活起来，形象起来，也可以把繁杂的表述简单化，另外，运用比拟可以鲜明地表达作者对事物的态度和感情。运用比拟表现喜爱的事物，可以使之活化，让人感到亲切；而用比拟表现丑恶的事物，可以使之生动形象，增强读者的厌恶感。

让农民闲置的住房“活”起来(《中国青年报》,2017年12月20日)；

自动驾驶汽车有望上路 新技术获得了呼吸空间(《中国青年报》,2017年12月20日)；

少年弑母 社会该如何缓解留守之痛(《中国青年报》,2017年12月12日)；

让家国情怀与芳华时代共振(《解放军报》,2018年1月5日)；

别让“材料政绩”架空落实(《南方日报》,2017年12月26日)。

上述几个标题中，让农民闲置住房“活”起来，就是一种拟人化的手法，一个“活”字既形象又简练；“呼吸空间”“共振”等词语就具有比较形象的效果，同时表达了作者对所评述事物赞扬的情感；“缓解留守之痛”“架空”等通过比拟手段暗示作者对评述现象的厌恶和批评。因此，比拟修辞的使用要注意语境和词语色彩，做到修辞得体，同时还要达到形象化和简练的效果。

4.仿词

仿词是根据表达的需要，更换现成词语的某个语素或词，临时仿造出新的词语，改变原来特定的词义，创造出新意的修辞手法。常见的仿词类型有谐音仿、相类仿、反义仿、双关仿、语体仿等几种。下面几条标题就是使用了仿词修辞。

演员的诞生，要颜值更要“演值”(《人民日报》中央厨房,2017年12月12日)；

抓落实 更要“投下所好”(《新华日报》,2017年3月28日)；

治“和平病”重在治“和平官”(《解放军报》,2017年12月22日)；

“层层压实责任”不等于“层层甩责任”(《南方日报》,2017年12月26日)；

“政策性安置”别搞成政策性“照顾”(《新京报网》,2018年1月3日)；

中美博弈是“变和”而非“零和”(《环球时报》,2017年12月27日)。

仿词修辞在标题中使用就是要模仿新闻事件中的核心词语或者成语，造出新词，从而推陈出新，改变原来词语的意思。仿词可以通过对比揭示事物的矛盾，使语言犀利深刻，还能给人以新鲜感，使语句平添情趣、生动活泼。

5.引用

引用在评论标题中作为修辞手段，可能引用了俗语、成语、流行语、新闻事件中凸显矛盾的词汇、古语诗词等。

如果写作业也要"拼爹"(《环球时报》,2017 年 10 月 12 日)；
"北大保安"何以成为"神一样的存在"(光明网,2017 年 5 月 16 日)；
悼念余光中：天堂没有"乡愁"(齐鲁网,2017 年 12 月 15 日)；
"过度用电"，不该由住客埋单(《新华日报》,2017 年 3 月 21 日)；
保障男性陪产假不能"跟着感觉走"(《中国青年报》,2018 年 1 月 4 日)。

上述例子中，"拼爹""神一样的存在"都是对网络流行词的引用；"北大保安""过度用电"都是新闻事件中凸显矛盾性质的词汇；"乡愁"来源于余光中的代表作《乡愁》，一语双关；"跟着感觉走"则是引用了歌词，这些引用既抓住了文章的主题，又增添了标题的形象性、生动性，具有较好的表现效果。

6.移就

"移就"，指有意识地把描写甲事物的词语移用来描写乙事物的修辞方法，一般可分为移人于物、移物于人、移物于物三类，具有使文句更简洁生动、使语句表达力强的作用，例如：

发言人不能青黄不接(《华西都市报》,2011 年 8 月 23 日)；
"微整形"提升城市"颜值"(《新华日报》,2017 年 3 月 23 日)；
蔡英文花枝乱颤的演说把自己捧上天(《环球时报》,2017 年 10 月 10 日)。

其中，"青黄不接"意指庄稼还没有成熟，陈粮已经吃完，在这里指人才一时接续不上而暂时缺乏；"微整形"指的是利用高科技的医疗技术，无须开刀，短时间就能变美变年轻的整形手术，这种手术取代了过去的整形外科手术，安全、没有伤口、恢复期短。在这里，城市"微整形"是指在城市美化过程中，科学规划、循序渐进，防止过度施工、暴力砍伐等不良现象的发生，并重视对树木的二次利用，避免造成不必要的资源浪费，做到城市管理的精细化。而花枝乱颤本来用以形容女性笑的时候的动作状态，在这里指蔡英文的演说充满自我夸耀的、自我溢美的演说。移就的使用使新闻评论充满诗意，给人无穷的想象空间。

7.夸张

夸张是为了达到某种表达效果的需要，对事物的形象、特征、作用、程度等方面着意夸大或缩小的修辞方式。夸张的作用是用言过其实的方法突出事物的本质，或加强作者的某种感情，能强调语气，烘托气氛，引起读者的联想。在新闻评论的标题中，夸张可以突出事物的性质或者影响，起到吸引读者阅读的作用，并能引起读者丰富的想象和强烈共鸣，例如：

治理"天价彩礼"不能光靠一纸禁令(《新华日报》,2017 年 3 月 2 日)；

要对"雁过拔毛"式的腐败零容忍(天山网阿凡提评论,2017 年 7 月 6 日)；

"儿童神药"如何使大众放心用(《南方日报》,2018 年 1 月 10 日)；

"婚姻法 24 条"审查建议为何"像雪片一样"(《新京报》,2017 年 12 月 26 日)；

"最美医生"蕴含社会期待(《新民晚报》,2015 年 9 月 28 日)。

上面的标题中，"天价彩礼""雁过拔毛""儿童神药""像雪片一样""最美医生"等都是用了夸张手法，夸张手法的使用能够极大程度地凸显事物的性质和影响，有利于表现评论的主题。

8.设问

设问也是新闻标题中比较常见的修辞方式，通过在标题中设问，能够突出文章主题，凸显事物的主要矛盾，有时也暗示新闻评论的指向，例如：

《演员的诞生》：究竟是一股清流，还是娱乐圈的照妖镜？(《参考消息》,2017 年 12 月 13 日)；

《演员的诞生》：能让流量演员回归演技吗？(东方网,2017 年 11 月 28 日)；

挡高铁车门的女士该受什么处罚(《环球时报》,2018 年 1 月 10 日)；

正确的决策从哪里来(《甘肃日报》,2017 年 12 月 20 日)。

9.对仗

在标题中使用对仗修辞主要是为了从形式上令标题的前后两部分整齐均匀，音节和谐，读起来具有节奏感。有时候对仗的前后两部分还可以形成对比，有助于突出主题。下面的评论标题都使用了对仗的修辞方式。

不驰于空想，不骛于虚声（《解放日报》，2018年1月3日）；
法律没有例外，尊老不是特权（《中国青年报》，2017年12月27日）；
变化的是升旗仪式，不变的是爱国情怀（《解放军报》，2018年1月3日）；
我们的新时代，历史的新光荣（《南方都市报》，2018年1月1日社论）。

另外，粘连、回环、反复、双关等修辞方法也会在新闻标题中被使用，这些修辞方法都是为了从形式上使标题更具有美感，同时也能突出评论的主题。

新闻评论标题的表现性要求是以准确传达作者的意图为标准的，从属于新闻评论标题的表意性要求。如果一个标题在不使用修辞手段的情况下，能够更好地传递作者的意图、表达评论观点，那么，标题的修辞手段就是多余的，使用直接表达式的标题就可以了。

**思考与练习：**

1.评论的标题有哪些功能？
2.制作新闻评论的标题有哪些基本要求？
3.新闻报道的标题与新闻评论的标题有什么区别？举例说明。
4.下面是《人民日报》刊登的一篇新闻评论，试着给文章拟一个标题。

近日，教育部等四部门联合印发《关于切实减轻中小学生课外负担 开展校外培训机构专项治理行动的通知》，决定开展校外培训机构专项治理行动，切实减轻中小学生课外负担。冬去春来，中小学校陆续开学，相关部门的措施能否给过热的校外培训有效降温，还孩子一片属于自己的天空，成为线上线下热议的话题。

刚刚过去的寒假，是校外培训旺季。“假期比平时忙”，许多孩子早已习以为常；而动辄数千甚至上万的培训费用，更令不少家庭难堪重负。去年暑假，网文《月薪三万，还是撑不起孩子的一个暑假》曾刷屏朋友圈，击中的正是孩子的痛处、家长的焦虑。更令人担忧的是，校外培训还存在诸多不规范现象：有的培训机构场所过于简陋，存在重大安全隐患；有的则干脆不具备办学许可证和营业执照；有的只顾砸钱做广告招徕生源，而实际教学与宣传内容相去甚远……凡此种种，令家长寒心，治理的呼声越来越强烈。

校外培训在满足孩子个性化教育、差异化发展的同时，也面临野蛮生长、过多过滥的窘境。实际上，任何产业领域在起步阶段都可能经历粗放发育期，问题的关键不是简单地“叫停”“打板子”，而是如何为不成熟的市场匹配成熟的监管机制，培育市场主体的法治精神，形成优胜劣汰的市场环境。此次教育部印发的通知中，既有对不符合要求的培训机构的惩戒，也有对“超纲教学”“提前教学”“强化应试”等不良行为的纠偏，全方位、多角度的监管举措正划定市场边界、厘定行业规则。

市场反应只是表象，校外培训过热根源在于优质教育资源的供需不平衡问题。由于我国适龄入学儿童数量大，优质教育资源稀缺，不可避免地导致好学校门前只能摆“独木桥”，并采取相对单一、教条化的评价体系。为了给孩子更好的教育，家庭之间搞培训竞赛、争相培养“牛娃”、上“坑班”，也就不难理解。而由此形成的“影子教育”，不仅反过来冲击着常规的义务教育体系，也打破了孩子在成长阶段的身心发育规律。超前学习打造的神童，能为家长在晒娃时带来一丝欣慰，却也可能为孩子的长远发展埋下隐患。

教育的本质是培育健全的人格。一方面，在义务教育阶段，孩子的性格、修养、情操以及身心健康，远比琐碎的知识重要得多。回归教育本质，需要家长、学校、企业乃至国家在教育的最根本理念上达成共识，共同努力。最近，教育部明确将在2020年前逐渐取消特长招生，这既是在制度上纠偏，也是在让特长教育回归纯粹。另一方面，“巧妇难为无米之炊”，给校外培训降虚火，关键还是要开源筑基，把优质教育资源的蛋糕进一步做大。近日，中央出台了《关于全面深化新时代教师队伍建设改革的意见》，“真正让教师成为令人羡慕的职业”不再是一句空话，以优秀教师为代表的优质教育资源，有望拓展新的增量。

更高质量的教育水平、更好的个人发展机会，是新时代美好生活的重要组成部分。在这个意义上，针对校外培训机构开展的整治行动，切口虽小，瞄准的却是社会治理、国家发展的大问题。狠抓落实，避免培训异化，回归教育本质，为孩子铺就更广阔的人生路，将给家庭带来更多获得感，也将为科教兴国、人才强国提供强劲动力。

# 第十章　新闻评论中的非理性因素

## 第一节　理性因素、非理性因素及其与新闻评论的关系

理性“一般指概念、判断、推理等思维形式或思维活动”①。人类思维的作用不仅在于认识世界，还在于能够改造世界。从人类社会发展的整个过程来看，人类认识世界和改造世界的过程是一个规律性与合目的性相统一的过程。人类理性的发展就是在社会实践中这种合规律性与合目的性相统一的形式。理性是人们认识世界和改造世界的思维工具，但是在很多情况下，是否合乎理性也是人们判断事物价值的重要标准，理性不仅具有工具意义，也具有价值意义。

新闻评论是利用概念、判断与推理论证自己的意见的合理性，并试图说服受众的一种文体，理性是新闻评论突出的特征。从新闻评论的选题，到新闻评论的对象和由头、新闻评论的论证过程，以及论据的选择，都是人们运用一定的思维方式和手段，论证和传播自身立场、倾向、意见的形成过程，是一个典型的理性思维过程。长期以来，人们很重视理性因素对新闻评论的影响和决定性，这符合人们认识事物和评价事物的基本原则，无可厚非。但是，这并不意味着非理性因素对新闻评论没有影响或者其影响可以忽略。

所谓非理性因素，是指主体心理结构上的本能意识以及在认识过程中出现的非逻辑的思维形式。这里所谓的本能意识是指与生俱来的，渗透在主体认识和实践中的意识因素，主要包括动机、欲望、感觉、情感、意志、习惯等精神要素；所谓的非逻辑思维能力是指不按照逻辑思维结构产生的、偶然的和不确定性的思维形式，包括直觉、幻想、想象、灵感、顿悟等。简单来说，非理性因素就是认识主体的情感和意志。“非理性不

---

① 辞海[M].上海：上海辞书出版社，1979：2776.

是反理性,而是指不完全受认识者的目的和意识所支配的某种精神属性与精神活动。”[①]从人类精神发展的历史来看,虽然理性因素在认识对象的过程中处于主导地位,但是,非理性因素与理性因素始终互相制约,相反相成,共同促进着人们对客观世界和精神世界的认识。

作为人类的认识活动之一,新闻评论在生产的过程中,在理性因素居于主导地位的同时,也不可忽视其中的非理性因素。新闻评论的对象是社会问题、社会事件、社会现象,这些对象既包含理性行为(或现象),也包含非理性行为(或现象),仅靠逻辑思维很难对所有的认识对象做出客观的评价。即使在逻辑思维过程中,人们对事实或者现象做出判断的时候,也不一定非要经过严密的概念、判断和推理过程,也可能受到非理性因素的影响,越过某些逻辑环节对事物做出判断。另外,我们为什么选择这些事物作为我们的评论对象,很多时候也是非理性思维的结果,而新闻评论是把这种非理性认识逻辑化,并逐步深化和理性化的过程。评价的结果可能是通过逻辑推理的过程,也很可能依据自己的兴趣、好恶、直觉、信仰,甚至只是一种潜意识得出的结论。同时,由于每一位新闻评论作者在生活阅历、利益关系、价值观念等方面都存在巨大差异,在面对同一个评论选题时,选择的角度、论证过程,甚至基本观点都会有很大的差异,这些差异有很多都是由非理性因素造成的。

2017 年,青岛市政府发布《青岛市中小学校管理办法》,其中规定:“中小学校对影响教育教学秩序的学生,应当进行批评教育或者适当惩戒;情节严重的,视情节给予处分。学校的惩戒规定应当向学生公开。”这是全国或地方性教育法规中,首次提出“惩戒”的概念。2019 年 6 月 23 日,中共中央、国务院印发实施《中共中央国务院关于深化教育教学改革全面提高义务教育质量的意见》,其中提到要“制定实施细则,明确教师教育惩戒权”。老师该不该管学生、如何管学生,一直以来是大众关注的焦点,很多新闻媒体对此进行了评论,评论的主要焦点集中在以下几个方面:

- 教师应不应该拥有对学生的惩戒权?
- 赋予教师惩戒权是不是鼓励教师体罚学生?
- 教师可以以什么样的方式惩戒学生(即惩戒权的具体内容)?
- 谁来保证教师惩戒权的落实?

公众之所以把焦点聚集在上述几个方面,一是因为媒体多次曝光了因为惩戒学生引发的家长与学校或者老师之间的纠纷;二是社会上发生的一些针对教师的报复性行

---

① 庄惠娟.论非理性因素在认识中的作用[J].山东省青年管理干部学院学报,2006(5).

动产生了非常恶劣的社会影响；三是一些教师滥用惩戒权对学生造成了一定的伤害。但是，由于每一位评论者的个人经历千差万别，关注的重点也各有不同，因此带来了不同观点、不同视角、不同风格的新闻评论。比如：《光明日报》发表评论《还是要给教师惩戒权留出空间》，《山东商报》发表评论《惩戒有法可依，还要不要"老师裁量"》，《北京青年报》发表评论《对学生罚站罚跑算不算体罚？》，红网发表评论《真正让惩戒在教育里加点"盐"》，《检察日报》发表评论《教育惩戒权：惩戒与体罚的边界到底在哪？》，东方网发表评论《"惩戒是教育的刹车"教师惩戒权需要规则与边界》等。评论角度虽然是理性思考的结果，但是评论作者个人的情感、意志、愿望、信念、动机等非理性因素在评论写作的全过程都是不可忽视的。因此，新闻评论也是在理性因素主导下，理性和非理性因素相互作用的产物。需要注意的是，非理性因素在新闻评论写作的过程中是正向因素还是负向因素。

从新闻评论立意的过程来讲，主题的确定是一个用理性思考排除非理性因素干扰的过程。同一个评论作者面对同一个新闻事实，会有不同的观点或者视角在脑海中闪现，但是最后则要通过理性思考排除那些错误的观点、次要的视角和受众已经普遍认识到的观点，才能最终形成具有传播价值的主要观点，形成评论。如果在立论过程中，作者的思维受到多种观点和角度的影响，新闻评论的中心思想就会不够集中，影响写作思路。而一些一闪念的意识或者偶尔的经历则可能诱发闪光的观点，对形成优秀评论有很大的帮助。

## 第二节 非理性因素对评论创作的作用

### 一、非理性因素在新闻评论创作中的积极作用

在新闻评论创作的过程中，非理性因素是不可忽视的认识因素。非理性因素在选题、立意、论证和观点传播过程中，都会产生重要影响，而且，其影响也不都是消极因素。具体来说，非理性因素的作用主要体现在以下方面。

#### （一）非理性因素对新闻评论具有诱导和激发作用

新闻评论的写作过程需要经过选题、立意、论证、结论等过程。就新闻评论的选题来说，新闻评论的选题应该是新闻事实、新闻现象，或者是作者本人发现的有新闻价

值的社会现象。无论是新闻媒体的报道还是我们身边发生的事实，每天都会很多，但是作者为什么要选择这个事实而不是别的事实进行评论？除了理性思考之外，非理性因素也起了很大作用。

首先，新闻评论要求所选择的新闻事实要具有评论的价值，所谓评论的价值就是新闻事实本身要包含冲突性和争议性，这种冲突性和争议性既由理性思考引发，也会由非理性因素引发。理性因素引发的问题，往往是非界限清晰，争议不大，新闻评论对这类新闻的附加价值往往不明显。由于非理性因素具有偶发性、变动性和主体个性的特征，其引发的社会问题往往具有较大的争议性和冲突性，隐含着较大的新闻评论价值，而评论主体的非理性因素也会刺激和诱导作者对有关事实做出评论。比如，有媒体报道，一个叫凡伟的青年声称，电荷并不存在。而新闻评论对此事的反应几乎是一致的批判，各媒体评论不同的地方，不在于电荷是否存在，而是什么原因造就了凡伟的成名的冲动，评论的焦点基本集中在社会领域和个人范围内，反思怎样杜绝凡伟现象再次发生。虽然这属于推理、判断等形式的理性思维范畴，但是，仁者见仁、智者见智的观点，则充满着非理性因素的因子。非理性因素引发的争议，通过理性思维的匡正，经常可以获得社会道德和一般社会价值的认可，获得较好的社会传播效果，因此也是新闻评论选题的富矿。其次，选题还会受到新闻事实的意义与作者本人的知识(或认识)结构的契合度的影响。这种契合是作者认识事物的第一步，包含着作者的直觉、想象、灵感或者顿悟。很多情况下，作者思考一个选题之后，要考虑自己能不能把握这个选题，那就要认真考虑选题与自己的知识结构的契合程度有多深。但是 非理性因素的诱导和激发作用却是不可忽视的。

### (二)非理性因素对立意和评论角度的选择具有重要的参照作用

新闻评论的立意要通过由表及里、由此及彼的联系，认识事物本质，分析事物发展深层次的原因，并结合新闻报道的社会语境，选择最佳的和新颖的评论角度。但我们必须认识到，无论是立意还是评论角度的选择，都是被评论的新闻事件与其他事实或现象(可能是新闻性的，也可能是非新闻性的)相比较的结果，其中自然包含着与自己的感性认识或非理性认识相联系或相参照的结果。这是人们对事物的认识从感性到理性、从非理性到理性升华的过程。在这个过程中，潜意识、直觉、灵感和顿悟等非理性因素对提升新闻评论的立意水平具有不可替代的作用，有时候可能是实现认识飞跃的“爆破点”。《中国青年报》有一篇著名的评论《国旗为谁而降》，选题的发现与作者本身的法学背景密切相关。作者在讲授相关课程的过程中，对国旗法有关条款产生了灵感和顿悟，才写了这篇著名的评论。据作者回忆，“那天给自考生上完课，我难掩这一‘重大发现’的兴奋，几乎是一路小跑赶回华政（华东政法学院）的”。[①] 这足以说明，灵感和顿悟对这篇著名的新闻评论的问世起到了关键性作用。实际上，“茅塞顿开”式的非理性思维在新闻评论的选题和立意中是常常发生的事情。有时候，偶然的冲动或者灵感还可能提升新闻评论的高度和质量。上述这篇评论原来的标题是《被遗忘的法条》，但是被编辑修改为《国旗为谁而降》。这样，一个新标题使这篇评论更有气势，大大提高了传播效率，取一个好的标题更多的也是靠灵感。

（三）对事实及观点的选择和过滤作用

和新闻报道一样，意义的产生往往是作者建构的结果。新闻事实发生以后，新闻记者通过对事实的选择使新闻产生意义。而新闻评论不仅要在建构后的事实的基础上产生新的观点，还要把报道中的新闻事实与自己已经掌握的有关事实进行联系、比较和鉴别，从而确定自己的立场、态度、倾向或者评价，这虽然是一个推理的过程，但是一个新闻事实与什么样的另外的事实产生联系、作者选择什么样的角度进行评论，往往因人而异，其实这也是非理性因素起作用的结果。鲁迅说，一部红楼梦，“单是命意，就因读者的眼光而有种种，经学家看见《易》，道学家看见淫，才子看见缠绵，革命家看见排满，流言家看见宫闱秘事……”[②]其实对于同一个评论选题，因作者本身的非理性因素，以及时间、地点等条件的差异，不同的作者，或同一作者在不同的情境下也会有立意的差异。

非理性因素作为认知定势的一部分，直接渗透到对认识的评价、利用方式和结果当中。[③] 论点一旦确定，论据的选择就一定会围绕论点进行。选择几个能够支持作者论点的论据并不难，但是，如果作者受到政治因素、价值观念或者强烈的个人情绪影响，片面地基于自己的立场、观点选择论据，就会使自己的观点离真理越来越远，从而失去与别的论点进行交流碰撞和相互借鉴的机会。新闻评论的思维具有集中性，无论是思维的逻辑结构，还是为论证主题选取的论据，都是围绕着论点选择的，这是典型的集中性的理性思维。但是，非理性思维在这个过程中并没有走远。集中式思维一旦受到非理性因素影响，就会使论据偏离论点，或者使评论出现多个主题，这是新闻写作过程中需要注意的。

---

① 马少华，刘洪珍.新闻评论案例教程[M].北京：中国片人民大学出版社，2015：32.

② 鲁迅.鲁迅全集：第 8 卷[M].北京：人民文学出版社，2005：179.

③ 赵东海，牛婷.论非理性因素在认识中的作用[J].内蒙古大学学报，2000(5).

### （四）对观点和事实的凸显及强化作用

由于受固有倾向、价值观念等因素的影响，人们不但会对事实或倾向进行选择和过滤，还会对与自己固有观点一致的事实和观点进行强化或凸显，这种强化或凸显符合人们认识的“选择性接触”、“选择性理解”和“选择性记忆”的自我信息防御圈理论，但不一定是理性行为，更多的时候可能是一种不自觉的、应激性的意识。但是，在新媒体高度发达的时代，新闻报道往往是滚动式的，新闻刚刚发生的一段时间内，网上的报道往往只是时间的一个片段、表象，抑或是被报道者有意剪裁或扭曲的假象，这样的新闻有较高的欺骗性和煽动性，非常容易激起受众的非理性思维。为了追求新闻评论的时效性，评论作者往往不待新闻事实完全展开，就急于进行新闻评论的写作，突出并强化自己的观点对事物的评价和立场往往与事物的全貌及本质相去甚远。这种新闻评论传播的社会效果也往往与评论应有的功能背道而驰。

2015 年，威海文登 18 岁青年侯聚森与其他青年发生冲突，侯聚森受伤，侯对记者说，他因为在网上发了一些爱国言论才被对方群殴。随后互联网上出现“爱国青年被网络暴民群殴”的报道，团中央、山东共青团等共青团的官微出面表态，支持爱国青年，此事开始在互联网较大范围内发酵。然而，随后的警方调查发现，这起案件不过是“小孩子打架”，所谓的“爱国青年被围殴”都是网上炒作的非理性言论。非理性思维虽然会促进人们对事物思考的飞跃性发展，但是，由于非理性思维受到激情、潜意识、个人情绪等因素的支配，往往跨越逻辑推理的过程，从事实直接到达结论，这样的结论往往是不可靠的，这一点值得新闻评论员警惕。

## 二、价值观念中的非理性因素对新闻评论的影响

从新闻评论的实践来看，价值观念是影响新闻评论倾向性的最重要因素。价值观念直接形成人们价值判断的标准系统，在新闻评论中常常表现为判断的是非、善恶、优劣等标准，会直接影响评论员对事实的选择和对事物的判断。虽然价值观念在人们对事物做出判断的时候并不是显性因素，但是它不仅能直接影响人们对事物评论的动机，而且对评论的倾向性具有诱导或者固化的作用，甚至能促成一个人形成自己的思维定式。总体上来说，价值观念是一个人理性思维的积淀，具有鲜明的理性特征。价值观念一旦形成，就具有稳定性和持久性，对评论员的影响是长久的。新闻评论的价值倾向具有多元化趋势，新闻评论不同的倾向性体现出作者不同的价值观念，带有深

刻的利益烙印。价值观念直接决定新闻评论的立意，而且决定了事实性因素的选择和使用方式。但是，“价值观念很大程度上是主观的，并没有客观的共识和量化的标准”①。一旦跨越了对基本事实和逻辑的尊重，价值观念就成为影响主体判断的非理性因素。作为理性因素的对立面，非理性因素往往能促使新闻评论作者跨越理性、跨越逻辑，直接到达观点或者得出结论。跨越了逻辑过程得出的结论往往不具有说服力，这是评论作者必须警惕的。

在价值判断中，新闻评论作者常常需要对评论对象做出道德判断。但是，不同的道德标准之间可能并没有谁对谁错、谁是谁非，不同的倾向之间互相包容，是新闻评论作者应该具有的伦理规范。即使是同样需要批评的不道德行为，在比较中也有轻重之分，尤其是当事实细节和轮廓还不清楚的时候，对评论对象进行道德审判，就会使评论失去理性。目前，网络上的舆论追杀或者群殴现象，也是不分青红皂白进行道德审判带来的结果，而且很多道德审判的结论都会被事实的进一步曝光或者事件的深入发展推翻。

## 第三节 跨越逻辑的非理性论证

### 一、新闻评论不排斥跨越逻辑过程的非理性论证

新闻评论的过程是通过逻辑推理论证作者论点的过程，但是，在一些评论中并不排除基于作者个人的经验，跨越逻辑推理的过程得出结论的情况，而且有些评论在这方面做得还比较好。比如红网发表过一条评论《买车大潮：乡土价值与现代生活的激烈碰撞》，就是通过作者的个人感受，分析了现代农村传统价值与现代生活方式之间的冲突。

**买车大潮：乡土价值与现代生活的激烈碰撞**

“开车回来的？”每年这个时候，估计每个在城里安家立业的人回乡时，都会遭遇类似的“诘问”。

---

① 曹林.时评写作十讲[M].上海：复旦大学出版社，2011：97.

这不乏善意，但着实是一个有相当风险的问题：如果被问者是开车回来的，当然可以理直气壮地说“是”，并接受询问者的夸赞；但如果不是，也并非乘用飞机、高铁这类高档的交通工具回来的，那可能就会陷入一种尴尬：以怎样的方式回家，成了乡人判断一个人混得好不好的标志。

所以，有人为在乡人面前证明自己混得不错，宁肯舍弃性价比更高的交通方式，也要开着他的比亚迪不远万里回乡。不为别的，只为过年那几天的体面，尽管这很可能只是暂时且虚假的。乡人眼中的混得好，在当事人看来不过是在城里讨生活。但冷暖自知，自己掖藏好就OK。

我的三叔曾多次跟我抱怨，堂兄结婚好几年了还没有买车，这让他在村里很没面子。后来堂兄终于贷款买了车，每次回家都将车停在门口，终于让三叔稍慰：从小学到大学，辛辛苦苦一辈子把儿子培养出来，如果连车都买不来，真是一件丢脸的事。

实际上，买车早已不是城里人的专利。现如今在农村买车也并不是新鲜事。每年过年期间乡村道路上乌泱乌泱的私家车，很多就是乡人所有。这些车多为中低档车，价格一般不高于8万元，但这已足够让他们满意：买了车，他们就算乡村成功人士了，用时髦的话说，就是乡村精英。一辆辆轿车，悄悄地完成了乡村社会的阶层再划分。

是否拥有私家车，成为一个评价一家人过得好不好的标志，关乎面子，这就不可避免地会引起竞争。我观察到，很多人并没有足够的经济实力买车，但也咬牙买上了。有的是为了能给适婚青年娶上媳妇，另一些基本就是为了攀比，为了“争一口气”。

当然，我的观察未必准，也有可能一些人藏不露富，是隐形富豪。但即便如此，有一点是可以肯定的，很多乡人之所以能买上车，是以家庭结构的肢解为代价的。男人常年在外打工，只有过年时能回家几天，他们到底能在多大程度上享受汽车带来的红利？更多的，不过是汽车赋予他们“尊严”而已。而在我看来，这并没有多大必要：车子只是生活的附丽，与家人长久快乐地待在一起才是永恒。

消费主义早已攻陷乡村，以亲缘为中心的差序格局正在瓦解，小共同体式的家族观一步步淡漠，个人本位终于登堂入室。每个乡民都在为生计各奔前程，他们所能做的，也不过是让自己的家庭显得更体面而已。而买车，或者在城里买一套房子，就成了他们重要的生活目标。

我来自农村底层，对他们完全报以同情之理解。种种看起来像炫耀家底的行为，不过是小人物在经年的打拼之后所追求的一种在他们看来体面的生活。

但真正有尊严的生活，既不是拥有一辆在家里“睡大觉”的车子，也不是赤裸裸地展示鲜衣华食，而是每年能够拥有充足的休闲时间，与家人在一起，能自由争取自己的权益，不被权力和政策剥夺。但很多人却对此并无概念，他们只会沉浸在自己定义的成功体系里心满意足。说到底，仅仅通过物质来宣示自己的地位，是一种浅薄的生活理念。

这其实是乡民在身份转型中形成的一种不适：闹哄哄的消费攀比之后，其实是因为乡村社会在快速变迁的过程中，传统价值与现代生活方式之间产生了种种冲突。所以，我们可以经常看到，因为他们不遵守基本的交通规则，导致乡镇道路上堵得水泄不通。物质层面的富裕，显然与现代文明发生了脱节。

我无意于去批评哪个群体，更不是歧视，只是想把自己回乡看到的现象形之于笔墨，并企图做一些浅薄的剖析。无论如何，哪怕是乡人为了死撑面子，或穿戴精致、或入不敷出地买一辆车，都不外乎是普通人最卑微的诉求。看似炫耀性的斗富行为，不过是小人物在时代洪流中、在社会的坑坑洼洼中，试图让自己获得一些尊严的努力。[①]

这篇评论说不上论据的可靠性和严谨性，但是冷静分析，它确实经历了从自己的感受和所见所闻到一般道理的归纳过程，传播效果不容置疑。但是，我们也须考虑到，作者个人的经历、经验或者感受毕竟跨越了逻辑推理的过程，结论是不是可靠，也值得商榷。一旦个人情感超越了逻辑理性，评论的结论或者倾向，甚至作者的写作目的就值得怀疑了。比如，如果某人认为外国的某种产品比中国的好，就会有人给他贴上“卖国贼”的标签，通过煽动民族感情来攻击对方，这就是典型的跨越逻辑的诉诸情感式错误。网络上，所谓的“五毛”“美分”都是这样带有感情色彩的标签词汇，在新闻评论中必须注意避免这样的词出现。

说理最好简单而直接。为了达到抽象道理的形象化效果，评论作者往往会借助一定的修辞手段，使自己的论点或者倾向性形象高效地被读者接受。而且，修辞是一个有效地传播观点的手段。不过，作者需要清楚地认识到修辞手段中的非理性成分。尤

① 王言虎.买车大潮：乡土价值与现代生活的激烈碰撞[EB/OL].(2016-02-16)[2019-09-27].http://hlj.rednet.cn/c/2016/02/16/3909717.htm.

其是比喻修辞在新闻评论中往往不具有严格的逻辑性,如果修辞手段采用不当,引喻失义也会削弱评论的逻辑性。一般来讲,修辞手段在新闻评论中的副作用主要有两个:一是把修辞作为转移论题的手段,二是把修辞用作跨越逻辑推理的手段。马少华在他的《新闻评论教程》一书中分析了梁启超先生的《少年中国说》的论证方式,他得出的结论是,梁启超先生在《少年中国说》中用修辞取代了逻辑论证,实际上转移了论证的话题。

## 二、新闻评论中理和情的交融与平衡

以理服人是新闻评论的基本规则,但这并不意味着情感因素可以被排除在新闻评论以外。新闻评论可以理解为通过描述事实和推理论证来传播某一特定的意见性信息。其中无论是描述事实,还是推理论证,都是新闻评论作者的个体主观行为,都包含着作者的情感因素在内,而情感因素多数属于非理性因素。因此,新闻评论既需要作者付出自己的真挚情感,也需要能够打动读者的情感因素来提高传播的效率。即使以理性为鹄的,纯粹客观理性的新闻评论也几乎是不存在的。好的新闻评论都是情和理的统一体。"新闻评论是需要真挚情感的,这种情感必须真实、全面、生动地反映客观现实。通过对这种客观现实的描述,培养和调动人们的积极情感并上升为正能量。这是我们进行评论的前提,发挥得好,可以起到事半功倍的作用。"①

优秀的新闻评论需要理和情的交融。新闻评论的写作不但需要作者有深厚的理论修养,能把复杂的道理讲清楚,把感性认识提升到理性认识的高度,还需要评论作者了解人和人性、了解人的情感和需要,在新闻评论说理的过程中触摸读者的情感脉搏,把道理说到读者的心坎上,这样才更容易流露出作者的情怀。要达到情和理的交融,就必须尊重事实、尊重读者。作者必须能够替评论对象和读者设身处地地思考,激起读者的情感共鸣,只有这样,才能使自己的新闻评论既有深度和高度,又有特定的温度。

《人民日报》有一篇题为《倾听那些"沉没的声音"》的评论,内容如下:

---

① 赵振宇.新闻评论是情与理的统一体[J].新闻与写作,2014(11).

**倾听那些"沉没的声音"**

在今天的中国，能听到各种声音。"两会"会场中代表、委员纵论国是，报纸杂志上不同思想交流探讨，新闻评论跟帖动辄上千条，近2亿网民随时写下140字微博……条条声轨，汇成合奏，呈现出这个时代多元多样的复杂图景和蓬勃活力。

我们迎来了表达的"黄金时代"，但仍有许多声音未被倾听。一方面，有些声音被淹没在强大的声场之中，难以浮出水面；另一方面，也有些声音只是"说也白说"，意愿虽表达，问题未解决。这些，都可谓无效表达，有人称之为"沉没的声音"。

无效的表达，不是没有表达，更不是不愿表达。广州市领导公开接访，市民带上铺盖卷、排队3天，就是为了能跟领导"说上话"；首位农民工全国人大代表胡小燕公开了自己的手机号，却因每天上千个电话、上千条短信被迫关机。那些为网络关注、被媒体聚焦的热点事件，只是"冰山的一角"，海面之下这些体量更大的冰块，才是让冰尖浮出水面的庞大基石，也才是决定社会心态的"潜意识""核心层"。

在一定程度上，表达上的弱势群体，也是现实中的弱势群体。在社会层面，他们既缺乏影响公共舆论的资源，又鲜有参与政府决策的渠道，甚至无法得到与自身密切相关的信息，表达和追求自己利益的能力同样薄弱。因此，尽管可能人数不少，他们的声音却很难在社会中听到。

听见与被人听见，本是"社会人"的基本诉求；说话与听人说话，更是现代文明的基本共识。当表达权已成为一项基本的政治权利，重视这些声音，是协调利益关系、理顺社会心态的起点。在一个有着13亿人口、正经历着急剧社会转型的国家，广大群众的声音被聆听、被重视，尤为重要。

大部分沉没的声音背后，都有未被满足的诉求，都有被压抑、待纾解的情绪。儿子车祸致残，云南父亲欲法院"自爆"走上极端维权之路；幼女身患绝症，湖北母亲参与"跪行救女"网络炒作……让舆论哗然的事件，都肇始于被忽视的声音。不可倾诉、不被倾听、不能解决，如果不主动"打捞"，太多声音沉没，难免会淤塞社会心态，导致矛盾激化。

发出声音，是主张利益的基础。有利益的表达才有相对的利益均衡，有相对的利益均衡才有长久的社会稳定。事实表明，诸多矛盾冲突事件背后，往往是利益表达机制的缺失。从这个角度看，维权就是维稳，维权才能维稳。尽可能多地倾听社会各方面的声音，兑现社会公众的表达权，对于维稳大有好处。

在众声喧哗中，尽可能打捞那些沉没的声音，是社会管理者应尽之责。以政府之力，维护弱势人群的表达权，使他们的利益能够通过制度化、规范化渠道正常表达，这是共建共享的应有之义，是构建和谐社会的关键所在。只有这样，才能让“说话”“发声”不仅是表达诉求的基本手段，更成为培育健康社会心态的重要环节，成为社会长治久安的坚实基础。①

本文之所以能够引起读者共鸣，一个重要的原因就是文章在叙事说理的间隙不乏充沛的感情，一方面阐述“有利益的表达才有相对的利益均衡，有相对的利益均衡才有长久的社会稳定”这一基本的政治常识，指出“大部分沉没的声音背后，都有未被满足的诉求，都有被压抑、待纾解的情绪”这样的基本事实；另一方面建议政府和执政者要“维护弱势人群的表达权，使他们的利益能够通过制度化、规范化渠道正常表达”，论理过程充满对弱势群体和他们利益被忽视的焦虑，和对那些“沉没的声音”以及由此引发的社会冲突的不安。文章针砭时弊，充满对国家和人民利益的情怀，是情理交融的好文章。

但是，情感和修辞一样，它会蒙蔽评论作者和读者的理性思维。因此寓情于理是新闻评论写作的基本要求，理性评说在新闻评论中的地位远高于以情动人。新闻评论作者必须注意把握理和情在文章中的交融与平衡，一要防止越过推理和逻辑，用煽情、悲情取代论证的过程，是文章丧失了理性；二要防止新闻评论作者借助情感因素煽动不健康的社会情绪，给社会思想和社会稳定带来不必要的混乱。

根据作者不同的思维习惯、写作习惯和个人气质等的差异，不同作者的新闻评论会呈现不同的文章风格，这也是理性因素与非理性因素共同作用的结果。新闻评论的文风一般要求简洁明快，逻辑清晰，这是出于传播的要求，基本属于理性范畴，但是每一个评论作者的思维方式和非理性思维也会反映在新闻评论中，并形成独特的文风。文风是一个具有较强社会历史性的东西，受到时代的影响较大，我们常说，所谓文风就是党风，说的就是这个道理，也说明文风具有较强的非理性色彩。但是，对于新闻评论来说，良好的文风的形成既要依靠严密的理性思维，又要充分调动非理性因素的积极作用，并防止非理性思维对新闻评论的不良影响。

---

① 人民日报评论员.倾听那些“沉没的声音”[N].人民日报，2011-05-26.

**思考与练习：**

1.什么是非理性因素？有哪些表现形式？

2.举例说明，非理性因素对新闻评创作有什么影响？

3.“诉诸感情”是新闻评论中常常犯的逻辑错误，但是新闻评论又不能彻底跨越感情因素。举例说明，在新闻评论中应该怎样做到理和情的交融与平衡。

4.由于新媒体把关权的消解，网民都可以通过互联网报道新闻，但是网民报道的新闻真实性却无法保证，网上“反转新闻”特别多，即一条新闻被报道以后，网民因此群情激愤，但是很快，网民又发现自己被虚假新闻欺骗了，所写的评论也都与事实真相相去甚远。评论作者应该如何面对“反转新闻”，避免根据虚假新闻做出评论？

知屿 ZHIYU

系列精品教材

知藏方寸，屿纳万千

知屿是中国传媒大学出版社创设的精品教材品牌。囊括戏剧与影视、播音与主持、新闻传播等品类国家级、省级规划教材，通过配套慕课、AI教学练助手、拓展阅读、课件、题库、教学大纲等一体化教学资源包，打造生动、立体的多模态精品教材。

在信息洋流里游倦了吗？欢迎登陆“知屿” 每一本书都是一座小型陆地，在字里行间漫步，把问号走成互通的坐标。

电子书目预览　　购书或申领样书　　出版业务咨询